M. Cajetan, J. Danz-Volmer, S.M. Steffens

Prüfungstrainer Behandlungspflege für Pflegehilfe

Martina Cajetan, Janina Danz-Volmer,
Sabrina-Maxi Steffens

Prüfungstrainer Behandlungspflege für Pflegehilfe

3. Auflage

ELSEVIER

Elsevier GmbH, Bernhard-Wicki-Str. 5, 80636 München, Deutschland
Wir freuen uns über Ihr Feedback und Ihre Anregungen an kundendienst@elsevier.com

ISBN 978-3-437-28741-1

3. Auflage 2023

Die medizinischen Wissenschaften unterliegen einem sehr schnellen Wissenszuwachs. Der stetige Wandel von Methoden, Wirkstoffen und Erkenntnissen ist allen an diesem Werk Beteiligten bewusst. Sowohl der Verlag als auch die Autorinnen und Autoren und alle, die an der Entstehung dieses Werkes beteiligt waren, haben große Sorgfalt darauf verwandt, dass die Angaben zu Methoden, Anweisungen, Produkten, Anwendungen oder Konzepten dem aktuellen Wissensstand zum Zeitpunkt der Fertigstellung des Werkes entsprechen.
Der Verlag kann jedoch keine Gewähr für Angaben zu Dosierung und Applikationsformen übernehmen. Es sollte stets eine unabhängige und sorgfältige Überprüfung von Diagnosen und Arzneimitteldosierungen sowie möglicher Kontraindikationen erfolgen. Jede Dosierung oder Applikation liegt in der Verantwortung der Anwenderin oder des Anwenders. Die Elsevier GmbH, die Autorinnen und Autoren und alle, die an der Entstehung des Werkes mitgewirkt haben, können keinerlei Haftung in Bezug auf jegliche Verletzung und/oder Schäden an Personen oder Eigentum, im Rahmen von Produkthaftung, Fahrlässigkeit oder anderweitig übernehmen.

Für die Vollständigkeit und Auswahl der aufgeführten Medikamente übernimmt der Verlag keine Gewähr.
Geschützte Warennamen (Warenzeichen) werden in der Regel besonders kenntlich gemacht (®). Aus dem Fehlen eines solchen Hinweises kann jedoch nicht automatisch geschlossen werden, dass es sich um einen freien Warennamen handelt.

Bibliografische Information der Deutschen Nationalbibliothek
Die Deutsche Nationalbibliothek verzeichnet diese Publikation in der Deutschen Nationalbibliografie; detaillierte bibliografische Daten sind im Internet über https://www.dnb.de abrufbar.

24 25 26 27 5 4 3 2

In ihren Veröffentlichungen verfolgt die Elsevier GmbH das Ziel, genderneutrale Formulierungen für Personengruppen zu verwenden. Um jedoch den Textfluss nicht zu stören sowie die gestalterische Freiheit nicht einzuschränken, wurden bisweilen Kompromisse eingegangen. Selbstverständlich sind **immer alle Geschlechter** gemeint.

Planung: Julia Lux, München
Projektmanagement: Dagmar Wiederhold, München; Andreas Rumpf, München
Redaktion: Ute Villwock, Heidelberg
Bildredaktion und Rechteklärung: Lisa Neulinger, Ottobrunn
Herstellung: Dietmar Radünz, Leipzig
Alle Abbildungen: Gerda Raichle, Ulm; Flussdiagramm in Lösung 18: Heike Hübner, Berlin
Satz: abavo GmbH, Buchloe/Deutschland
Druck und Bindung: Printer Trento S.r.l., Trento/Italien
Umschlaggestaltung: SpieszDesign, Neu-Ulm auf Grundlage von Zeichnungen von Janina Danz-Volmer

Aktuelle Informationen finden Sie im Internet unter **www.elsevier.de**

Vorwort

Dieses dritte Buch der Reihe „Behandlungspflege für Pflegehilfe" ist wie die Vorgänger aus den Ansprüchen der Praxis erwachsen. So versteht sich dieser Prüfungstrainer als ergänzende Lernhilfe zu den im geschützten Raum des Unterrichts erfolgenden praktischen Übungen und den Inhalten des Lehrbuches. Der Prüfungstrainer kann für das im Curriculum vorgesehene Selbststudium genutzt werden, um die Selbstlernzeit sinnvoll zu füllen und nachzuweisen. Die Autorinnen haben sich bemüht, ihre persönliche Sichtweise zu den Themen dieses Buches auf Basis der aktuellen Erkenntnisse und des Standes von Wissenschaft und Technik darzustellen. Es ist zu betonen, dass jede Bildungseinrichtung die Freiheit besitzt, die Prüfungen eigenverantwortlich zu gestalten. Daher haben die Autorinnen zwar ihre Erfahrungen in die Zusammenstellung der Aufgaben eingebracht, können aber keinen Zusammenhang zu tatsächlich zu absolvierenden Prüfungen garantieren.

Essen, Solingen, Herdecke, im Juni 2022
Martina Cajetan, Janina Danz-Volmer, Sabrina-Maxi Steffens

Die Autorinnen

Martina Cajetan (geb. 1969)
Krankenschwester, Fachkrankenschwester
für den Operationsdienst, Heilpraktikerin,
freiberufliche Dozentin
Kapitel: 5, 7 (Frage/Lösung 1–12), 8, 9, 10, 14, 17

Janina Danz-Volmer (geb. 1981)
Krankenschwester, Diplom Pflegewissenschaftlerin (FH),
systemischer Coach, freiberufliche Dozentin
Kapitel: 6, 11, 12, 13, 16, 18

Sabrina-Maxi Steffens (geb. 1979)
Altenpflegerin, Diplom Pflegewissenschaftlerin (FH),
M.A. Erwachsenenbildung, systemischer Coach,
freiberufliche Dozentin
Kapitel: 1, 2, 3, 4, 7 (Frage/Lösung 13–22), 15

Die App

Die Autorinnen haben zu den Behandlungspflegebüchern eine App entwickelt:

- Mobil lernen
- Prüfungsvorbereitung mal anders
- Selbstkontrolle

Die App kann auf www.qualitasvitae.de angesehen und erworben werden und ist zudem in den bekannten Stores erhältlich.

Zum Aufbau des Buches

In diesem Buch werden die neutralen Bezeichnungen „Pflegeperson", „Pflegehelfer", „Pflegekraft" als Synonym für alle pflegerischen Hilfskräfte verwendet. Die Bezeichnungen wurden wegen der leichteren Lesbarkeit gewählt, meinen jedoch immer Pflegekräfte jeden Geschlechts. Dies gilt auch für alle anderen Bezeichnungen, die korrekterweise auf alle Geschlechter angewendet werden müssten. Als Pflegefachkräfte werden all jene Personen bezeichnet, die eine dreijährige Ausbildung in einem Pflegeberuf mit einer staatlichen Prüfung abgeschlossen haben. Die Begriffe „Bewohner" und „Patient" werden synonym verwendet und meinen ebenfalls alle Geschlechter.

Die Kapitel folgen demselben logischen Aufbau wie die des Lehrbuches. Dies ermöglicht, bei der Bearbeitung des Prüfungstrainers das bereits erworbene Wissen mit den Übungen abzugleichen und zu verknüpfen. Es finden sich bei den Aufgaben Verweise auf die jeweiligen Kapitel im Lehrbuch.

Das Buch ist zweigeteilt aufgebaut. Im ersten Teil sind zu jedem Kapitel des Lehrbuches Aufgaben zu finden und im zweiten Teil des Buches finden Sie die zutreffenden Lösungen. Diese sind in vielen Fällen durch weitere Erklärungen und Verweise auf entsprechende Kapitel im *Lehrbuch Behandlungspflege für Pflegehilfe* ergänzt.

Weiterhin finden sich im Aufgabenteil des Buches Vertiefungsaufgaben, welche nach Wunsch zur Festigung des Erlernten bearbeitet werden können.

Zur Lösung der Aufgaben dieses Prüfungstrainers empfiehlt es sich zusätzlich, ausreichend leere Papierblätter bereit zu halten. Hierauf können Notizen gemacht oder die Lösungen notiert werden. Es kann hilfreich sein, eine Klarsichthülle über die Aufgaben zu legen und auf der Hülle die richtigen Antworten zu markieren. Auf diese Weise können die Aufgaben leicht mehrfach bearbeitet werden.

Da sich das vorliegende Werk als vertiefende Zusatzlektüre darstellt und in enger Verbindung zum *Lehrbuch Behandlungspflege für Pflegehilfe* steht, haben die Autorinnen auf die Angaben verwendeter Literatur verzichtet. Diese kann im Lehrbuch nachgelesen werden.

Auf die Übersetzung von Fach- und Fremdwörtern wurde verzichtet, da wir davon ausgehen, dass diejenigen, die mit dem Prüfungstrainer arbeiten, ein medizinisch-pflegerisches Grundwissen besitzen und daher nicht alle Begriffe erklärt werden müssen. Auch auf die Verwendung von Abkürzungen wurde in diesem Buch weitestgehend verzichtet. Die aufgeführten gängigen fachlichen Abkürzungen können im Lehrbuch nachgeschlagen werden.

Aktuelle Themen und Termine von Veranstaltungen der Autorinnen können Sie auf den Internetseiten www.qualitasvitae.de und www.online-fortbildung-pflege.de jederzeit nachschauen. Besuchen Sie uns!

Wir wünschen Ihnen alles Gute und viel Erfolg bei der Prüfungsvorbereitung!

Fehler gefunden?

An unsere Inhalte haben wir sehr hohe Ansprüche. Trotz aller Sorgfalt kann es jedoch passieren, dass sich ein Fehler einschleicht oder fachlich-inhaltliche Aktualisierungen notwendig geworden sind.
Sobald ein relevanter Fehler entdeckt wird, stellen wir eine Korrektur zur Verfügung. Mit diesem QR-Code gelingt der schnelle Zugriff.

https://else4.de/978-3-437-28741-1

Wir sind dankbar für jeden Hinweis, der uns hilft, dieses Werk zu verbessern. Bitte richten Sie Ihre Anregungen, Lob und Kritik an folgende E-Mail-Adresse: kundendienst@elsevier.com

Inhaltsverzeichnis

Aufgaben

Lösungen

Aufgaben

KAPITEL 1 Recht

Aufgabe 1.1

➢ LB Kap. 1.1

Definieren Sie den Begriff „Behandlungspflege“.

Aufgabe 1.2

➢ LB Kap. 1.1

Wer verordnet in welchem Fall Behandlungspflege?

➢ LB Kap. 1.1

Aufgabe 1.3

Wer darf Leistungen der Behandlungspflege durchführen?

➢ LB Kap. 1.1

Aufgabe 1.4

Nennen Sie zu jeder der vier Leistungsgruppen zwei Verrichtungen.

Leistungsgruppe 1:

Leistungsgruppe 2:

Leistungsgruppe 3:

Leistungsgruppe 4:

Aufgabe 1.5

➢ LB Kap. 1.1

Welche Leistungsgruppen dürfen sonstige geeignete Personen durchführen, die einen Beschäftigungszeitraum dem Leistungsspektrum der Behandlungspflege entsprechend vorweisen und den Nachweis einer Schulung (entsprechend curricularer Vorgaben) vorweisen können?

Aufgabe 1.6

Beschreiben Sie mit Ihren eigenen Worten den Begriff „Anordnungsverantwortung".

Aufgabe 1.7

➢ LB Kap. 1.2

Beschreiben Sie mit Ihren eigenen Worten den Begriff „Durchführungsverantwortung".

➤ LB Kap. 1.3

Aufgabe 1.8

Welche Informationen werden im Pflegebericht festgehalten?

➤ LB Kap. 1.3

Aufgabe 1.9

Nennen Sie fünf Grundregeln der Dokumentation.

➤ LB Kap. 1

VERTIEFUNGSAUFGABE

Lesen Sie im Lehrbuch das gesamte Kapitel 1 und machen Sie sich zu jeder Seite einen für Sie wichtigen Stichpunkt, den Sie durch die Beantwortung der Aufgaben noch nicht bearbeitet haben.

KAPITEL

2 Hygiene

Aufgabe 2.1

> LB Kap. 2.1

Nennen Sie drei Regeln der Personalhygiene für Personen, die im direkten Kontakt mit zu Pflegenden arbeiten.

Aufgabe 2.2

> LB Kap. 2.2

In welchen Situationen ist das Waschen der Hände angezeigt? Nennen Sie drei Beispiele.

➢ LB Kap. 2.2

Aufgabe 2.3

Erklären Sie mit Ihren eigenen Worten die Durchführung der Waschung der Hände.

1.

2.

3.

4.

5.

➢ LB Kap. 2.2

Aufgabe 2.4

Warum ist die hygienische Händedesinfektion der Waschung vorzuziehen?

Aufgabe 2.5

➤ LB Kap. 2.2

Wann ist die hygienische Händedesinfektion angezeigt? Nennen Sie Beispiele.

____

____

____

____

____

____

____

____

VERTIEFUNGSAUFGABE

Schreiben Sie alle Tätigkeiten auf eine DIN-A5-Karte, bei denen eine hygienische Händedesinfektion durchgeführt wird.

➤ LB Kap. 2.2

Aufgabe 2.6

➤ LB Kap. 2.2

Wie viel Desinfektionsmittel wird zur hygienischen Händedesinfektion verwendet? Kreuzen Sie die richtige Antwort an.

- ☐ a) 3 ml
- ☐ b) 10 ml
- ☐ c) 2–5 ml
- ☐ d) 5–10 ml
- ☐ e) 3–5 ml

Aufgabe 2.7

➤ LB Kap. 2.2

Wie lange führen Sie die hygienische Händedesinfektion durch, bzw. wie lange ist die Einwirkzeit eines Desinfektionsmittels zur hygienischen Händedesinfektion?

____

____

____

____

____

➢ LB Kap. 2.2

Aufgabe 2.8

Schreiben Sie die Durchführung der hygienischen Händedesinfektion der Reihe nach gemäß Europäischer Norm auf.

➢ LB Kap. 2.2

Aufgabe 2.9

Wann ist die hygienische Händedesinfektion angeraten? Nennen Sie drei Beispiele.

➢ LB Kap. 2.2

Aufgabe 2.10

Ist diese Aussage richtig oder falsch?
Das Tragen von medizinischen Einmalhandschuhen ist immer dann angezeigt, wenn Tätigkeiten verrichtet werden, bei denen eine Pflegekraft vorhersehbar oder wahrscheinlich mit Blut und Körperflüssigkeiten (Sekreten oder Exkreten) in Kontakt kommt oder kommen könnte oder wenn diese aus hygienischen Gründen zur Infektionsprophylaxe angezeigt sind.

- ☐ richtig
- ☐ falsch

➢ LB Kap. 2.2

VERTIEFUNGSAUFGABE

Führen Sie die hygienische Händedesinfektion praktisch durch. Schreiben Sie alle Schritte der hygienischen Händedesinfektion auf eine Karteikarte DIN A5 auf und legen diese an einen Ort, an dem Sie diese Karte erneut lesen werden.

KAPITEL

3 Arzneimittellehre, Herrichten und Verabreichen von Arzneimitteln

Aufgabe 3.1

➢ LB Kap. 3.1

Was ist ein Arzneimittel und wozu dient dieses?

Aufgabe 3.2

➢ LB Kap. 3.1

Aus welchem Gemisch besteht ein Arzneimittel?

➢ LB Kap. 3.1

Aufgabe 3.3

Nennen Sie drei Hilfsstoffe und jeweils eine Eigenschaft des jeweiligen Hilfsstoffes.

Hilfsstoff	Eigenschaft

➢ LB Kap. 3.2

Aufgabe 3.4

Welcher der Arzneimittelnamen ist für eine bessere Übersichtlichkeit der geeignetste für Pflegekräfte? Begründen Sie Ihre Aussage mit einem Satz.

➢ LB Kap. 3.2

Aufgabe 3.5

Erklären Sie den Begriff „Handelsname".

Aufgabe 3.6

➢ LB Kap. 3.2

Nennen Sie drei Namenszusätze für Arzneimittelnamen.

Aufgabe 3.7

➢ LB Kap. 3.2

Erklären Sie den Begriff „Generika“ mit Ihren eigenen Worten.

Aufgabe 3.8

➢ LB Kap. 3.2

Beschreiben Sie zwei Probleme, die bei der Gabe von Generika entstehen können.

➢ LB Kap. 3.3

Aufgabe 3.9

Erklären Sie die Worte „Pharmakokinetik“ und „Pharmakodynamik“ mit Ihren eigenen Worten.

Pharmakokinetik:

Pharmakodynamik:

➢ LB Kap. 3.3

Aufgabe 3.10

Wo liegt der Unterschied zwischen den beiden Lehren: Pharmakokinetik und Pharmakodynamik?

Aufgabe 3.11

➢ LB Kap. 3.4

Was ist der First-Pass-Effekt und warum muss dieser beachtet werden?

Aufgabe 3.12

➢ LB Kap. 3.4

Erklären Sie den Begriff „Halbwertszeit". Warum ist es in der Praxis wichtig, diese zu kennen?

➢ LB Kap. 3.5

Aufgabe 3.13

Was ist eine Nebenwirkung?

➢ LB Kap. 3.5

Aufgabe 3.14

Was tun Sie, wenn Sie Nebenwirkungen eines Arzneimittels bei einem zu Pflegenden beobachten?

Aufgabe 3.15

➢ LB Kap. 3.5

Was ist eine Wechselwirkung?

Aufgabe 3.16

➢ LB Kap. 3.5

Was tun Sie, wenn Sie Wechselwirkungen eines Arzneimittels bei einem zu Pflegenden beobachten?

➢ LB Kap. 3.6

Aufgabe 3.17

Nennen Sie fünf Informationen, die in einem Beipackzettel ausgewiesen sind.

➢ LB Kap. 3.6

Aufgabe 3.18

Wie kann man einen Beipackzettel noch nennen? Geben Sie zwei Beispiele.

➢ LB Kap. 3.7

Aufgabe 3.19

Erklären Sie den Unterschied zwischen lokaler und systemischer Arzneimitteltherapie.

VERTIEFUNGSAUFGABE

➤ LB Kap. 3.7

Schreiben Sie alle Ihnen bekannten Applikationsarten auf eine DIN-A5-Karteikarte auf. Schreiben Sie alle Ihnen bekannten Darreichungsformen auf eine DIN-A5-Karteikarte auf. Gleichen Sie Ihre Notizen mit den Tabellen in Kapitel 3 im Lehrbuch ab.

Aufgabe 3.20

➤ LB Kap. 3.9

Schreiben Sie alle Angaben auf, die eine telefonische ärztliche Anordnung enthält, so als ob Sie diese in eine Dokumentation eintragen würden.

Aufgabe 3.21

➤ LB Kap. 3.8

Schreiben Sie alle Hinweise auf, die darauf deuten, dass ein Arzneimittel abgelaufen ist.

➢ LB Kap. 3.8

Aufgabe 3.22

Wann verwerfen Sie ein Arzneimittel?

➢ LB Kap. 3.8

VERTIEFUNGSAUFGABE

Schreiben Sie die Regeln für die Aufbewahrung von Arzneimitteln (ambulant und stationär) auf eine Karteikarte DIN A5 und legen Sie diese an einen Ort, an dem Sie diese Karte erneut lesen werden.

➢ LB Kap. 3.9

Aufgabe 3.23

Welche Angaben sollte eine ärztliche Verordnung enthalten?

➢ LB Kap. 3.9

Aufgabe 3.24

Schreiben Sie die Abkürzung „VUG“ aus.

V:

U:

G:

Aufgabe 3.25

➢ LB Kap. 3.9

Warum ist es für die pflegerische Praxis wichtig, die Bedarfssituation geklärt zu haben?

Aufgabe 3.26

➢ LB Kap. 3.9

Nennen Sie die 6-R-Regel.

R

R

R

R

R

R

VERTIEFUNGSAUFGABE

Schreiben Sie die Grundregeln für das Richten von Arzneimitteln und die 3-E-Regel auf eine Karteikarte DIN A5 auf und legen Sie diese an einen Ort, an dem Sie diese Karte erneut lesen werden.

➢ LB Kap. 3.9

➢ LB Kap. 3.10

Aufgabe 3.27

Warum sollten Arzneimittel bei alten Menschen ein- und ausschleichend dosiert werden?

➢ LB Kap. 3.10

Aufgabe 3.28

Warum ist eine genaue Krankenbeobachtung bei der Verabreichung von Arzneimitteln wichtig?

➢ LB Kap. 3

VERTIEFUNGSAUFGABE

Im Folgenden können Sie aus zwei Vertiefungsaufgaben eine heraussuchen, welche Ihnen besser liegt und bearbeiten.

1. Lesen Sie das gesamte Kapitel 3 im Lehrbuch und machen Sie sich zu jeder Seite einen für Sie wichtigen Stichpunkt.
2. Lesen Sie das gesamte Kapitel 3 im Lehrbuch und schreiben Sie von jeder Seite eine Sache auf (falls es diese gibt), die Ihnen unklar oder nicht verständlich ist, und eine Sache, die Sie besonders gut verstanden haben. Die Ihnen nicht verständlichen Dinge klären Sie im nächsten Unterricht.

KAPITEL

4 Verabreichung von Augentropfen und -salben

Aufgabe 4.1

➢ LB Kap. 4

Wie heißt das Fachwort für Augenheilkunde?

____

____

Aufgabe 4.2

➢ LB Kap. 4.1

Beschriften Sie die Grafik.

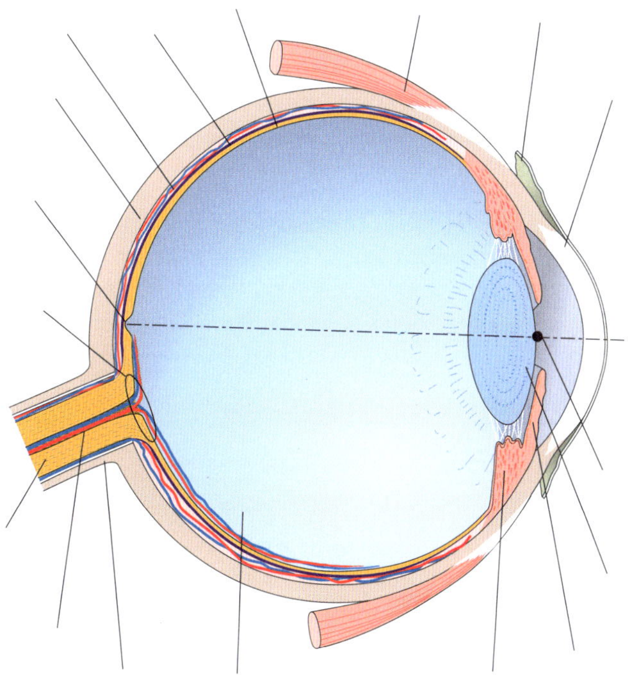

VERTIEFUNGSAUFGABE

Lesen Sie das gesamte Kapitel 4.2 des Lehrbuchs erneut.

➢ LB Kap. 4.2

➤ LB Kap. 4.3

Aufgabe 4.3

Ordnen Sie das Fachwort der Übersetzung und der jeweiligen Abkürzung zu.

Beide Augen	LA	Oculus dexter
Oculi uterque	Linkes Auge	RA
Rechtes Auge	Oculus sinister	bds./RL

➤ LB Kap. 4.2

Aufgabe 4.4

Welche beiden Arten der Bindehautentzündung (Konjunktivitis) kennen Sie?

➤ LB Kap. 4.2

Aufgabe 4.5

Kreuzen Sie die richtigen Antworten an, die zu den Symptomen einer Bindehautentzündung (Konjunktivitis) gehören.

☐ Die Augen sind gerötet, jucken, brennen.
☐ Die Betroffenen haben ein reibendes Fremdkörpergefühl im Auge.
☐ Die Augen sind ohne Auffälligkeiten, es liegt keine Rötung oder Schwellung vor.
☐ Die Augen sind geschwollen (die Schwellung kann von unterschiedlichem Ausmaß sein).
☐ Je nach Krankheitsursache kann das abgesonderte Sekret eitrig, wässrig oder schleimig sein.

Aufgabe 4.6

➢ LB Kap. 4.2

Nennen Sie das Fremdwort für Grünen Star.

Aufgabe 4.7

➢ LB Kap. 4.2

Benennen Sie zwei Symptome der chronischen Form des Glaukoms und zwei Symptome der akuten Form des Glaukoms.

Symptome des chronischen Glaukoms:

Symptome des akuten Glaukoms:

Aufgabe 4.8

➢ LB Kap. 4.2

Nennen Sie das Fremdwort für Grauen Star.

➢ LB Kap. 4.2

Aufgabe 4.9

Welche Antwortkombination zu den Risikofaktoren zur Entstehung eines Grauen Stars ist richtig?

1. Diabetes mellitus
2. Störungen des Wasser- und Elektrolythaushaltes
3. Starke Sonneneinstrahlung
4. Diabetes mullitesus
5. Röntgenbestrahlungen des Auges
6. Häufige Flatulenzen

☐ a) Antworten 1, 3, 5 und 6 sind richtig.
☐ b) Antworten 1, 2, 3 und 5 sind richtig.
☐ c) Antworten 1, 4, 5 und 6 sind richtig.

➢ LB Kap. 4.3

Aufgabe 4.10

Nennen Sie zwei Beispiele für Arzneimittel der Augenheilkunde und beschreiben diese mit einem Satz.

➢ LB Kap. 4.4

Aufgabe 4.11

Vor der Gabe von Augentropfen sollten diese auf ihre Richtigkeit kontrolliert werden. Geben Sie vier Situationen an, in denen dies geschieht.

➢ LB Kap. 3.9

VERTIEFUNGSAUFGABE

Lesen Sie das gesamte Kapitel 3.9 des Lehrbuchs erneut.

Aufgabe 4.12

➤ LB Kap. 4.4

Beschreiben Sie die Durchführung der Gabe von Augentropfen mit Ihren eigenen Worten.

KAPITEL

5 Blutdruckmessung

Aufgabe 5.1

➢ LB Kap. 5.1

Welche Aufgabe hat das Herz im menschlichen Organismus? Nur eine Antwort trifft zu, kreuzen Sie diese an.

☐ a) Abbauort für rote Blutkörperchen
☐ b) Pumpt das Blut durch den Körper
☐ c) Bildet Glukagon
☐ d) Wird zu den Makroangiopathien gezählt

Aufgabe 5.2

➢ LB Kap. 5.1

Nennen Sie die drei Schichten des Herzens von innen nach außen. Beginnen Sie mit der inneren Schicht.

____

____

____

____

Aufgabe 5.3

➢ LB Kap. 5.1

Wie werden die Klappen im Herzen genannt?

____

____

____

> LB Kap. 5.1

Aufgabe 5.4

Welche Struktur trennt die rechte von der linken Herzhälfte?

> LB Kap. 5.1

Aufgabe 5.5

Wie viel Blut fassen die Vorhöfe und Kammern in etwa?

> LB Kap. 5.1

Aufgabe 5.6

Nennen Sie die Stationen der Erregungsbildung und Erregungsleitung des Herzens. Beachten Sie die richtige Reihenfolge, wo beginnt der Impuls und wo endet er?

1.
2.
3.
4.
5.

Aufgabe 5.7

➢ LB Kap. 5.1

Zeichnen Sie den Weg des Blutes innerhalb des Herzens ein und beschriften Sie die Grafik.

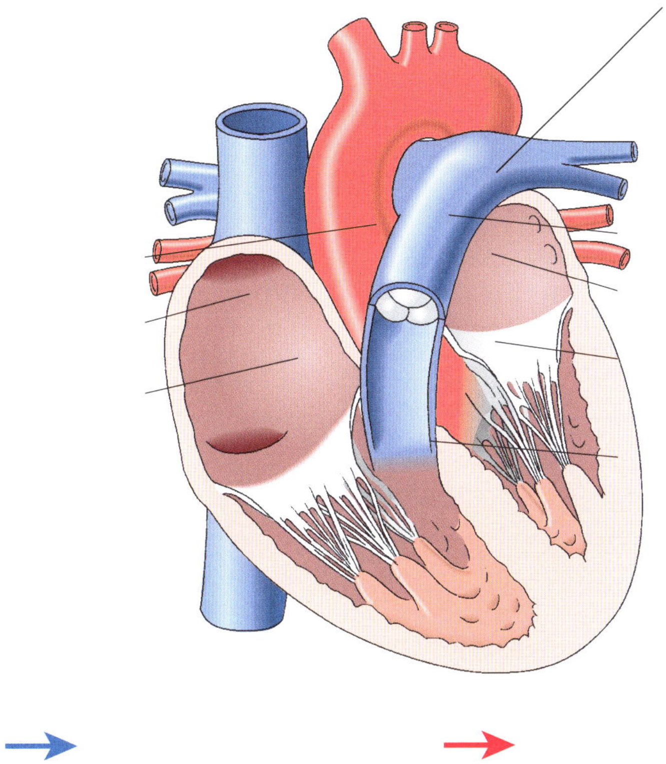

Aufgabe 5.8

➢ LB Kap.5.2.1

Wie wird der erste hörbare und der letzte hörbare Ton bei der Blutdruckmessung genannt?

> LB Kap. 5.2.2

Aufgabe 5.9

In der Praxis wird der Puls meist an der A. radialis getastet. Wo genau befindet sich diese Arterie? Beschreiben Sie die Pulstaststelle in einem kleinen Text.

> LB Kap. 5.3.1

Aufgabe 5.10

Was versteht man in der Medizin unter dem Begriff „Hypertonie"? Definieren Sie diesen.

> LB Kap. 5.3.2

Aufgabe 5.11

Beschreiben Sie die Symptome eines Herzinfarkts. Sind die Symptome bei Frauen und Männern gleich oder gibt es Unterschiede?

Aufgabe 5.12

➢ LB Kap. 5.3.2

Nennen Sie die Ursachen eines Herzinfarktes und welche Gefahren hierbei drohen.

Aufgabe 5.13

➢ LB Kap. 5.3.3

Was versteht man unter einer Herzinsuffizienz?

➢ LB Kap. 5.3.3

Aufgabe 5.14

Stellen Sie die Ursachen und Symptome der Rechtsherzinsuffizienz und der Linksherzinsuffizienz in einer Tabelle gegenüber.

Häufige Ursachen

Linksherzinsuffizienz	Rechtsherzinsuffizienz

Symptome

Linksherzinsuffizienz	Rechtsherzinsuffizienz

Gemeinsame Symptome

Aufgabe 5.15

➢ LB Kap. 5.3.4

Was versteht man unter Extrasystolen?

Aufgabe 5.16

➢ LB Kap. 5.3.5

Dem Schlaganfall gehen oftmals Warnsignale voraus, die es ermöglichen, einen drohenden Apoplex rechtzeitig zu erkennen. Welcher Vorbote ist Ihnen bekannt?

Aufgabe 5.17

➢ LB Kap. 5.4

Bei Herzerkrankungen werden verschiedene Medikamente verordnet. Eine Gruppe sind die sogenannten Diuretika. Wie wirken diese? Welche Indikationen und Nebenwirkungen sind Ihnen bekannt?

KAPITEL

6 Umgang mit medizinischen Kompressionsstrümpfen (MKS)

Aufgabe 6.1

➢ LB Kap. 6

Kreuzen Sie an, wozu MKS hauptsächlich dienen.

☐ a) Seitliche Stabilisierung des Kniegelenkes
☐ b) Unterstützung des Rückflusses des Blutes zum Herzen
☐ c) Verhinderung des Rückflusses der Lymphflüssigkeit zum Herzen

Aufgabe 6.2

➢ LB Kap. 6.1

Kreuzen Sie an, welche Gefäße über sogenannte Klappen verfügen.

☐ a) Venen
☐ b) Arterien
☐ c) Lymphgefäße

Aufgabe 6.3

➢ LB Kap. 6.2

Nennen Sie drei Indikationen für die Anwendung von MKS.

____

____

____

____

____

____

____

____

➤ LB Kap. 6.2

Aufgabe 6.4

Kreuzen Sie die Anzeichen für eine venöse Thrombose an.

☐ a) Rötung des betroffenen Körperteils
☐ b) Blässe des betroffenen Körperteils
☐ c) Schmerz im betroffenen Körperteil
☐ d) Schwellung des betroffenen Körperteils
☐ e) Kälte des betroffenen Körperteils

➤ LB Kap. 6.2

Aufgabe 6.5

Nennen Sie die drei Hauptfaktoren, welche die Entstehung einer Thrombose begünstigen. Fügen Sie jedem Hauptfaktor ein Beispiel für einen Risikofaktor hinzu.

1. ______________________________

____

2. ______________________________

____

3. ______________________________

____

➤ LB Kap. 6.2

VERTIEFUNGSAUFGABE

Notieren Sie sich 10 Risikofaktoren für die Entstehung einer Thrombose und ordnen Sie diese der Virchow-Trias zu.

➤ LB Kap. 6.2

Aufgabe 6.6

Kreuzen Sie an, welche der folgenden Lösungen eine Embolie beschreibt.

☐ a) Eine Thrombose im Herzen
☐ b) Ein Thrombus, der sich von der Gefäßwand gelöst und an einer anderen Stelle festgesetzt hat
☐ c) Eine Thrombose in der Lunge

➤ LB Kap. 6.3

Aufgabe 6.7

Machen Sie Kontraindikationen für das Anlegen von MKS kenntlich.

☐ a) Ablehnung durch Patienten
☐ b) Ungeklärte Wunden und Hautläsionen
☐ c) Periphere arterielle Verschlusskrankheit
☐ d) Chronisch-venöse Insuffizienz
☐ e) Zu große Strümpfe

Aufgabe 6.8

➢ LB Kap. 6.4

Kreuzen Sie an, wann MKS ausgetauscht werden müssen.

☐ a) Wenn sie nicht mehr passen
☐ b) Nach 6 Monaten
☐ c) Nach 8 Monaten
☐ d) Wenn sie eine Laufmasche haben
☐ e) Wenn die Farbe nicht mehr gefällt
☐ f) Wenn man die Löcher nicht mehr selbst stopfen kann

Aufgabe 6.9

➢ LB Kap. 6.4

Machen Sie kenntlich, was für die Pflege von MKS gilt.

☐ a) Sie dürfen nicht in den Trockner.
☐ b) Sie dürfen nur per Hand gewaschen werden.
☐ c) Es gelten die Angaben des Herstellers.
☐ d) Sie müssen auf der Heizung getrocknet werden.

Aufgabe 6.10

➢ LB Kap. 6.5

Was müssen Sie vor dem Anziehen von MKS beachten? Nennen Sie drei Aspekte.

Aufgabe 6.11

➢ LB Kap. 6.5

Kennzeichnen Sie die falsche(n) Aussage(n). Lesen Sie aufmerksam!

☐ a) Beim Anziehen von MKS dürfen keine Ringe getragen werden.
☐ b) Beim Anziehen von MKS darf eine Uhr getragen werden.
☐ c) Nagellack darf getragen werden.
☐ d) Beinstrümpfe passen immer an beide Beine.

> LB Kap. 6.6

Aufgabe 6.12

Nennen Sie vier Maßnahmen, die Sie zur Thromboseprophylaxe bei einem pflegebedürftigen Menschen anwenden können.

KAPITEL

7 Ernährung im Alter und Blutzuckermessung

Aufgabe 7.1

➢ LB Kap. 7.1

Welche physiologischen Veränderungen des Körpers treten im Alter ein?

Aufgabe 7.2

➢ LB Kap. 7.1

Welches sind die drei Nährstoffgruppen, die Menschen jeden Alters (besonders Pflegekräfte) in ausreichender Menge zu sich nehmen sollten?

➤ LB Kap. 7.2

Aufgabe 7.3

Beschriften Sie die Grafik.

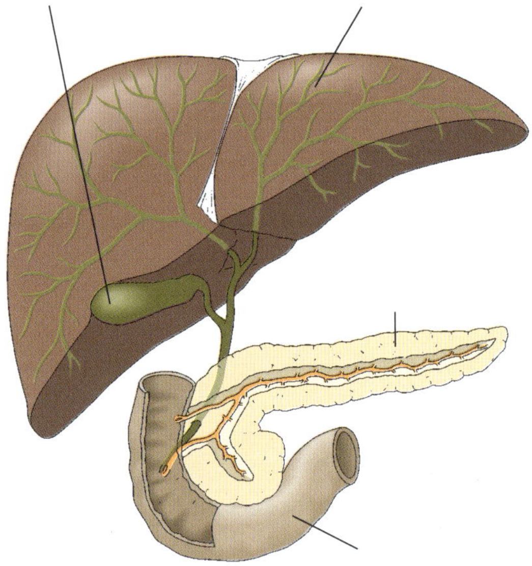

➤ LB Kap. 7.2

Aufgabe 7.4

In den Langerhans-Zellen des Pankreas gibt es verschiedene Zellarten; die beiden wichtigsten sind die A- und B-Zellen. Welche Stoffe werden in ihnen gebildet? Und welche Funktion haben diese?

A-Zellen

Stoff

Funktion

B-Zellen

Stoff

Funktion

Aufgabe 7.5

➢ LB Kap. 7.2

Das Hormon Insulin funktioniert nach dem Schlüssel-Schloss-Prinzip. Was ist damit gemeint?

Aufgabe 7.6

➢ LB Kap. 7.2

Der Körper braucht Kohlenhydrate zur Energiegewinnung. Es gibt drei Arten, für die der Körper mehr oder weniger Zeit zur Verarbeitung braucht. Welche Arten sind gemeint? Geben Sie für jede Art ein Beispiel.

Art	Beispiel

> LB Kap. 7.3

Aufgabe 7.7

Was versteht man unter dem Begriff „Nierenschwelle"? Erklären Sie diesen Begriff.

> LB Kap. 7.3.1,
> Kap. 7.3.2

Aufgabe 7.8

Welche Formen des Diabetes mellitus sind Ihnen bekannt?

> LB Kap. 7.3

Aufgabe 7.9

Nennen Sie die normalen Blutzuckerwerte.

Nüchtern

2 Std. nach Nahrungsaufnahme

Aufgabe 7.10

➢ LB Kap. 7.3.3

Welche Insulinarten sind Ihnen bekannt? Nennen Sie bitte die Art und deren jeweilige Eigenschaft.

Aufgabe 7.11

➢ LB Kap. 7.4.2

Bei einer Hyperglykämie (Überzuckerung) kann der BZ Werte von > 200 mg/dl aufweisen. Was können Ursachen einer Hyperglykämie sein? Welche Symptome sind zu beobachten?

Ursachen:

Symptome:

➤ LB Kap. 7.5

Aufgabe 7.12

Diabetes mellitus begünstigt abhängig von der Qualität der Stoffwechseleinstellung weitere Erkrankungen, die begleitend und als Folge des Diabetes auftreten können. Sie werden in zwei Bereiche unterteilt.

Wie werden diese Hauptbereiche bezeichnet? Geben Sie Beispiele für jeden Bereich.

1. Hauptbereich:

Beispiele:

2. Hauptbereich:

Beispiele:

Aufgabe 7.13

➤ LB Kap. 7.6

Wie lauten die Maßeinheiten, um die Glukosekonzentration im Blut darzustellen?

1. ______________________

2. ______________________

Aufgabe 7.14

➤ LB Kap. 7.6

Welche Antwortkombination zur Umrechnung der Konzentrationen ist richtig?

1. 1 mmol/l ≙ 18 mg/dl
2. 1 mg/dl ≙ 0,055 mmol/l
3. 1 mmol/l ≙ 15 mg/dl
4. 1 mg/dl ≙ 0,018 mmol/l
5. 1 mmol/l ≙ 0,15 mg/dl

☐ a) Antworten 1, 3 und 5 sind richtig.
☐ b) Antworten 2, 3 und 4 sind richtig.
☐ c) Antworten 2, 4 und 5 sind richtig.
☐ d) Antworten 1 und 2 sind richtig.

Aufgabe 7.15

➤ LB Kap. 7.8

Nennen Sie drei Fehlerquellen, die das Messergebnis einer Blutzuckerkontrolle verändern können.

VERTIEFUNGSAUFGABE

Lesen Sie die Kapitel 7.6 und Kapitel 7.7 im Lehrbuch erneut.

➤ LB Kap. 7.6,
➤ Kap. 7.7

➤ LB Kap. 7.8

Aufgabe 7.16

Kreuzen Sie die richtigen Antworten zur Durchführung der Blutzuckerkontrolle an.

☐ a) An der Entnahmestelle sollte kurz vor der Entnahme die Durchblutung angeregt werden.
☐ b) Der Blutstropfen zur Messung muss unter Herausquetschen oder Pressen gewonnen werden.

➤ LB Kap. 7.8

Aufgabe 7.17

Welche Materialien müssen Sie zur Durchführung einer Blutzuckerkontrolle richten?

___

___

___

___

___

___

___

___

___

___

Aufgabe 7.18

➢ LB Kap. 7.8

Beschreiben Sie die Durchführung einer herkömmlichen Blutzuckerkontrolle.

Aufgabe 7.19

➢ LB Kap. 7.8

Aus welchem Grund können alternative Entnahmestellen zur Blutzuckermessung gewählt werden?

➢ LB Kap. 7.8

Aufgabe 7.20

Welcher Gegenstand, den Sie zur Durchführung einer Blutzuckerkontrolle richten, fehlt?
Tablett – Schutzhandschuhe – Desinfektionsmittel (Händedesinfektionsmittel für die Pflegekraft) – Teststreifen – Tupfer – Pflasterstreifen – Wundschnellverband – Kanülenabwurfbehälter – Abwurfbehälter, Messgerät

---

➢ LB Kap. 7.8

Aufgabe 7.21

Welche Antwortkombination zur Dokumentation gemessener Blutzuckerwerte ist richtig?

1. Der Wert wird mit gewählter Messeinheit (mg/dl und mmol/l) eingetragen.
2. Uhrzeit und Handzeichen der durchführenden Pflegekraft werden einmal am Tag eingetragen.
3. Datum, Uhrzeit und Handzeichen der durchführenden Pflegekraft werden einmal am Tag eingetragen.
4. Die gemessenen Werte sind nur für das Pflegepersonal und werden keiner weiteren Person gezeigt.
5. Eintragungen von Blutzuckermesswerten sollten immer mit Bleistift erfolgen.

☐ a) Antworten 1, 3 und 5 sind richtig.
☐ b) Antworten 2, 3 und 4 sind richtig.
☐ c) Antworten 2, 4 und 5 sind richtig.
☐ d) Antworten 1, 4 und 5 sind richtig.
☐ e) Alle Antworten sind falsch.

KAPITEL

8 Umgang mit einer perkutanen endoskopischen Gastrostomie (PEG)

Aufgabe 8.1

➤ LB Kap. 8

Nennen Sie bitte drei Indikationen, bei denen eine PEG verordnet wird.

Aufgabe 8.2

➤ LB Kap. 8

Nennen Sie drei Vorteile, die eine PEG gegenüber einer nasalen Ernährungssonde aufweist.

Aufgabe 8.3

➤ LB Kap. 8.1

Nennen Sie mögliche Komplikationen, die bei liegender PEG auftreten können.

> LB Kap. 8.2

Aufgabe 8.4

Welche Applikationsformen von Sondenkost sind Ihnen bekannt?

> LB Kap. 8.2

Aufgabe 8.5

Wie werden ungeöffnete und geöffnete Nahrungsbeutel gelagert?

> LB Kap. 8.3

Aufgabe 8.6

Welche Materialien benötigen Sie zur Gabe von Medikamenten über die PEG?

KAPITEL

9 Klistier

Aufgabe 9.1

➢ LB Kap. 9.1

Was passiert mit dem Nahrungsbrei, wenn er im Dickdarm angekommen ist?

Aufgabe 9.2

➢ LB Kap. 9.2

Wie wirken Klistiere im Darm?

➢ LB Kap. 9.1

Aufgabe 9.3

Beschriften Sie die Grafik.

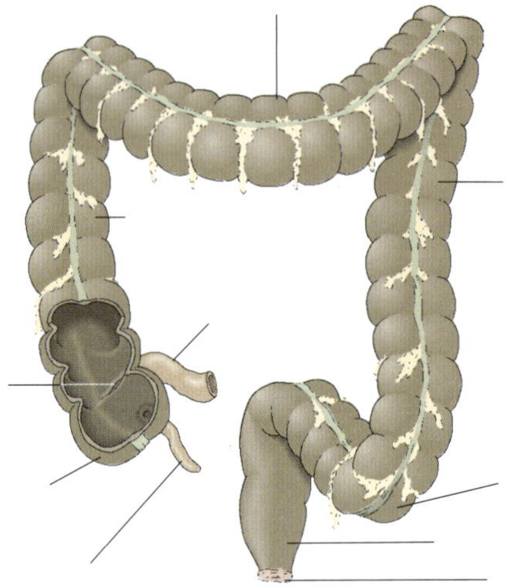

➢ LB Kap. 9.3

Aufgabe 9.4

Wie sollte die Person idealerweise zur Klistiergabe gelagert werden? Begründen Sie Ihre Antwort.

____

____

____

____

____

____

Aufgabe 9.5

➢ LB Kap. 9.3

Welche Materialien benötigen Sie zur Klistiergabe? Bitte listen Sie alle benötigten Materialien auf.

Aufgabe 9.6

➢ LB Kap. 9.3

Welche Informationen müssen Sie nach der Klistiergabe dokumentieren?

KAPITEL

10 Versorgung eines suprapubischen Dauerkatheters (SPK)

Aufgabe 10.1

➢ LB Kap. 10

Nennen Sie die Vorteile des SPK gegenüber der Katheteranlage durch die Harnröhre.

Aufgabe 10.2

➢ LB Kap. 10

Nennen Sie zwei Indikationen zur SPK-Anlage.

➢ LB Kap. 10.1

Aufgabe 10.3

Nennen Sie vier Aufgaben der Nieren.

➢ LB Kap. 10.1

Aufgabe 10.4

Ordnen Sie entsprechend ihrer Zugehörigkeit zu.

1. Obere Harnwege
2. Untere Harnwege

a. Harnleiter
b. Blase
c. Harnröhre
d. Nierenbecken

Aufgabe 10.5

➢ LB Kap. 10.1

Beschriften Sie die Grafik.

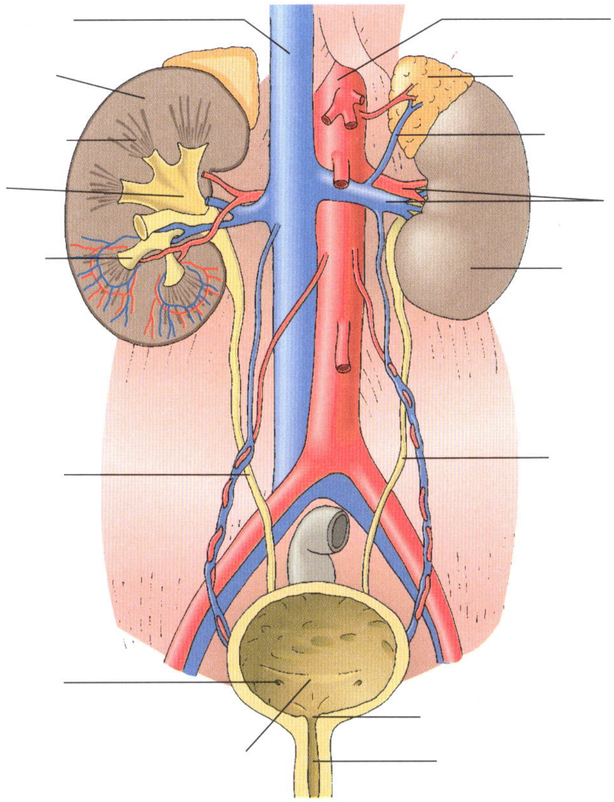

Aufgabe 10.6

➢ LB Kap. 10.2

Welche Fehlerquellen sind Ihnen beim Verbandwechsel eines SPK bekannt?

____

____

____

____

____

➤ LB Kap. 10.2

Aufgabe 10.7

Erklären Sie, warum der Urinbeutel nicht über Blasenniveau gehängt werden darf.

➤ LB Kap. 10.3

Aufgabe 10.8

Begründen Sie, warum die Trinkmenge für die Behandlung des Harnweginfekts von Bedeutung ist.

KAPITEL

11 Flüssigkeitsbilanzierung

Aufgabe 11.1

➤ LB Kap. 11.1

Berechnen Sie den ungefähren täglichen Flüssigkeitsbedarf einer Person, die sich bei „normaler" Umgebungstemperatur aufhält und keine speziellen Erkrankungen oder Wunden hat. Diese Person hat ein Soll-Körpergewicht von 80 kg bei einer Größe von 1,85 m. Legen Sie für die Berechnung die in der *Grundsatzstellungnahme Ernährung und Flüssigkeitsversorgung älterer Menschen* des Medizinischen Dienstes empfohlene Formel zugrunde. Diese finden Sie auch im Lehrbuch.

VERTIEFUNGSAUFGABE

Berechnen Sie den täglichen Flüssigkeitsbedarf für unterschiedliche Soll-Körpergewichte.

➤ LB Kap. 11.2

Aufgabe 11.2

Ordnen Sie die Buchstaben den Zahlen zu.

1. Ausgeglichene Bilanz	a. Einfuhr > Ausfuhr
2. Positive Bilanz	b. Einfuhr = Ausfuhr
3. Negative Bilanz	c. Einfuhr < Ausfuhr

➤ LB Kap. 11.2

Aufgabe 11.3

Wie viele ml Flüssigkeitsverlust müssen pro 1 °C Erhöhung der Körpertemperatur bei der Bilanzierung berücksichtigt werden?

☐ a) 300 ml
☐ b) 400 ml
☐ c) 500 ml
☐ d) 600 ml

➤ LB Kap. 11.2

Aufgabe 11.4

Ordnen Sie die Buchstaben den Zahlen zu.

1. Einfuhr
2. Ausfuhr

a. Oxidationswasser
b. Nahrung
c. Haut
d. Atmung
e. Stuhlgang

Aufgabe 11.5

➢ LB Kap. 11.2

Nennen Sie vier Indikationen für die Durchführung einer Flüssigkeitsbilanzierung.

Aufgabe 11.6

➢ LB Kap. 11.3

Nennen Sie vier Beobachtungen, an denen Sie eine mögliche Flüssigkeitsunterversorgung erkennen können.

➢ LB Kap. 11.4

Aufgabe 11.7

Nennen Sie vier Aspekte, die Sie beim Anreichen von Getränken beachten sollten.

KAPITEL

12 Richten und Verabreichen von Injektionen

Aufgabe 12.1

➢ LB Kap. 12

Wie viele ml kann das Volumen einer Injektion betragen? Markieren Sie alle richtigen Angaben.

☐ a) 0,1 ml
☐ b) 0,6 ml
☐ c) 3 ml
☐ d) 10 ml
☐ e) 20 ml

Aufgabe 12.2

➢ LB Kap. 12

Wie lange kann eine Injektion dauern? Markieren Sie die richtigen Angaben.

☐ a) Sekunden
☐ b) Minuten

Aufgabe 12.3

➢ LB Kap. 12.1

Welche Injektionen darf ein Pflegehelfer/eine Pflegehelferin mit der Qualifizierung in der Behandlungspflege durchführen?

☐a) i. v.
☐ b) i. m.
☐ c) s. c.
☐ d) i. a.

Aufgabe 12.4

➢ LB Kap. 12.1

Welche Verantwortung trägt eine Pflegekraft bei jeder Injektion?

___

___

___

> LB Kap. 12.2

Aufgabe 12.5

Nennen Sie die Injektionsorte der ersten Wahl.

> LB Kap. 12.2

Aufgabe 12.6

Nennen Sie die Injektionsorte der zweiten Wahl.

> LB Kap. 12.2

Aufgabe 12.7

Erklären Sie das Rotationsprinzip.

Aufgabe 12.8

➢ LB Kap. 12.2

Was müssen Sie bei wiederholten Injektionen bei der Auswahl der Injektionsorte beachten?

Aufgabe 12.9

➢ LB Kap. 12.3

Nennen Sie drei Vorteile von Injektionen gegenüber anderen Verabreichungsformen von Arzneimitteln.

Aufgabe 12.10

➢ LB Kap. 12.3

Nennen Sie drei Nachteile von Injektionen gegenüber anderen Verabreichungsformen von Arzneimitteln.

➢ LB Kap. 12.3

Aufgabe 12.11

Nennen Sie vier Kontraindikationen für das Verabreichen einer Injektion.

➢ LB Kap. 12.4

Aufgabe 12.12

Welche Art von Ampullen finden Sie zumeist in Insulin-Pens?

➢ LB Kap. 12.2

Aufgabe 12.13

Wie lange nach der Verabreichung tritt die Wirkung einer subkutanen Injektion in etwa ein?

Aufgabe 12.14

➤ LB Kap. 12.7

Zählen Sie drei Aspekte auf, die Fehlerquellen bei der Verabreichung einer Injektion darstellen können.

Aufgabe 12.15

➤ LB Kap. 12.8

Zählen Sie auf, welche Maßnahmen Sie bei einer Nadelstichverletzung einleiten müssen.

Aufgabe 12.16

➤ LB Kap. 12.6

Erklären Sie, was Sie bezüglich der Auswahl der Injektionskanüle bei kachektischen (abgemagerten) Personen beachten müssen.

➤ LB Kap. 12.8

Aufgabe 12.17

Übersetzen Sie den Begriff „Recapping“ und nennen Sie den (Haupt-)Grund, weshalb dies verboten ist.

➤ LB Kap. 12.6

Aufgabe 12.18

Zählen Sie auf, was Sie nach dem Verabreichen einer Injektion dokumentieren müssen.

KAPITEL

13 Versorgung von bis zu zwei Dekubiti bis Kategorie II

Aufgabe 13.1

➤ LB Kap. 13.2

Erklären Sie in eigenen einfachen Worten den Begriff „Dekubitus".

Aufgabe 13.2

➤ LB Kap. 13.2

Nennen Sie die Hauptursache für die Entstehung eines Dekubitus.

☐ a) Mobilität
☐ b) Immobilität
☐ c) Mobiliar
☐ d) Immobiliar

➤ LB Kap. 13.2

Aufgabe 13.3

Zählen Sie sechs Risikofaktoren auf, welche die Entstehung eines Dekubitus begünstigen.

➤ LB Kap. 13.3

Aufgabe 13.4

Nennen Sie sechs Maßnahmen zur Dekubitusprophylaxe.

Aufgabe 13.5

➤ LB Kap. 13.3

Kreuzen Sie denkbare Maßnahmen zur Dekubitusprophylaxe an.

- ☐ a) Basteln
- ☐ b) Singen
- ☐ c) Gesicht waschen
- ☐ d) Backen
- ☐ e) Haustiere
- ☐ f) Malen
- ☐ g) Blumen gießen
- ☐ h) Kaffeeklatsch
- ☐ i) Oktoberfest feiern
- ☐ j) Socken anziehen
- ☐ k) Stricken
- ☐ l) Reparaturarbeiten

Aufgabe 13.6

➤ LB Kap. 13.3

Nennen Sie vier weitere Prophylaxen, die Sie mit der Dekubitusprophylaxe verbinden können.

Aufgabe 13.7

➤ LB Kap. 13.4

In wie viele Kategorien wird ein Dekubitus laut NPUAP/EPUAP/PPPIA 2014 eingeteilt?

VERTIEFUNGSAUFGABE

➤ LB Kap. 13.4

Lesen Sie hierzu erneut die Definitionen im Lehrbuch Kapitel 13.4 *Einteilung eines Dekubitus.*

➢ LB Kap. 13.4

Aufgabe 13.8

Was ist bei Menschen mit stark pigmentierter Haut zu beachten?

➢ LB Kap. 13.5

Aufgabe 13.9

Nennen Sie vier allgemeine Maßnahmen zur Therapie eines Dekubitus.

Aufgabe 13.10

➤ LB Kap. 13.5

Kennzeichnen Sie die zutreffende Aussage.

Zur Therapie eines Dekubitus der Kategorie I gehört:
❒ a) Tägliches Eincremen mit parfümierter Lotion
❒ b) Proteinarme Ernährung
❒ c) Tägliches Eincremen mit Jodsalbe
❒ d) Druckbelastung der gefährdeten Stelle
❒ e) Sorgfältige Hautpflege
❒ f) Isolierung, um eine Infektion zu vermeiden

Aufgabe 13.11

➤ LB Kap. 13.5

Entscheiden Sie: Ein Dekubitus Kategorie II mit der Bildung einer Hautblase muss eröffnet werden.

❒ a) stimmt
❒ b) stimmt nicht

Aufgabe 13.12

➤ LB Kap. 13.5

Zählen Sie die Materialien auf, die Sie für einen aseptischen Verbandwechsel benötigen.

➤ LB Kap. 13.5

Aufgabe 13.13

Nennen Sie die Wischrichtung bei der Reinigung einer aseptischen Wunde. Begründen Sie kurz.

➤ LB Kap. 13.5

Aufgabe 13.14

Nennen Sie die Wischrichtung bei der Reinigung einer septischen Wunde. Begründen Sie kurz.

KAPITEL

14 Durchführung dermatologischer Bäder

Aufgabe 14.1

➢ LB Kap. 14.1

Nennen Sie drei Aufgaben der Haut.

> LB Kap. 14.1

Aufgabe 14.2

Beschriften Sie die Grafik.

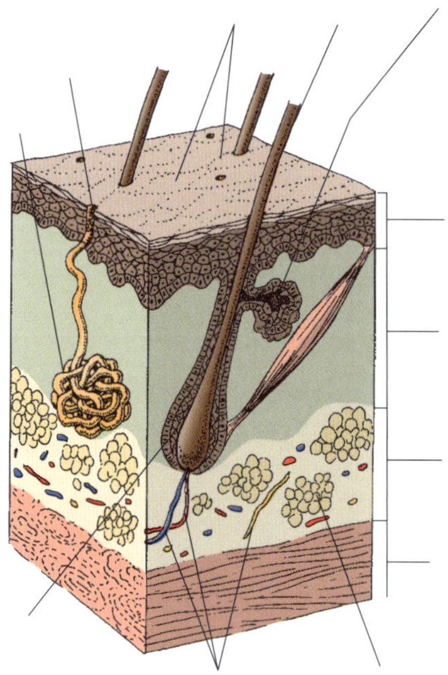

> LB Kap. 14.4

Aufgabe 14.3

Was ist ein Ekzem?

Aufgabe 14.4

➤ LB Kap. 14.4

Eine Entzündung ist eine Abwehrreaktion (Immunreaktion) des Körpers auf Zellschäden verschiedenster Ursache mit dem Ziel, die Schadensursache einzugrenzen.

Was sind die 5 klassische Anzeichen einer Entzündung?

Aufgabe 14.5

➤ LB Kap. 14.5

Was ist Juckreiz und welche Ursachen kann Juckreiz haben?

➤ LB Kap. 14.5

Aufgabe 14.6

Welche zusätzlichen Maßnahmen können ergriffen werden, um den Juckreiz eines Patienten/einer Patientin zu lindern? Mehrere Antworten sind möglich. Kreuzen Sie bitte die richtige Antwortkombination an.

1. Es sollte zusätzliche Hautreizung durch harte Kleidung vermieden werden.
2. Nur geeignete Waschpulver und Seifen verwenden.
3. Der Patient/die Patientin kann Entspannungstechniken einüben.
4. Personen die sich im Schlaf kratzen, können Baumwollhandschuhe anziehen.
5. Langes Baden oder Duschen in warmem Wasser lindert den Juckreiz.

☐ a) Antworten 2 und 5 sind richtig.
☐ b) Antwort 4 ist richtig.
☐ c) Alle Antworten sind richtig.
☐ d) Antworten 1, 2, 3 und 4 sind richtig.

➤ LB Kap. 14.6

Aufgabe 14.7

Bei welchen Beschwerden werden dermatologische Bäder angeordnet?

____

____

____

____

____

____

KAPITEL

15 Medizinische Einreibungen

Aufgabe 15.1

➤ LB Kap. 15.1

Nennen Sie drei Beispiele für Lokaltherapeutika und benennen Sie jeweils eine Eigenschaft.

Lokaltherapeutikum	Eigenschaft

Aufgabe 15.2

➤ LB Kap. 15.1

Aus welchen Komponenten besteht ein auf die Haut aufzutragendes Lokaltherapeutikum?

Aufgabe 15.3

➤ LB Kap. 15.1

Beschreiben Sie mit Ihren eigenen Worten, was Grundstoffe sind.

➤ LB Kap. 15.1

Aufgabe 15.4

Nennen Sie eine Indikationsstellung für einen fettigen Grundstoff.

➤ LB Kap. 15.1

Aufgabe 15.5

Welche der folgenden Aussagen ist falsch?

- ☐ a) Lotionen sind Cremes in flüssiger Form.
- ☐ b) Cremes haben im Gegensatz zu Salben einen höheren Wasseranteil.
- ☐ c) Pasten ziehen aufgrund der hohen Feststoffanteile sehr gut in die Haut ein.
- ☐ d) Gele ziehen durch den hohen Wasseranteil schnell in die Haut ein.
- ☐ e) Salben ziehen durch den hohen Fettgehalt nur schlecht in die Haut ein.

➤ LB Kap. 15.2

Aufgabe 15.6

Müssen Sie bei der Durchführung einer medizinischen Einreibung die 6-R-Regel beachten oder können Sie eine der Regelungen vernachlässigen?

➤ LB Kap. 3.9

VERTIEFUNGSAUFGABE

Schreiben Sie die 6-R-Regel auf eine DIN-A-5-Karte und lesen diese erneut.

Aufgabe 15.7

➤ LB Kap. 15.2

Welche Antwortkombination bezüglich der Durchführung einer medizinischen Einreibung ist richtig?

1. Bett und/oder Kleidung sind vor dem Arzneimittel zu schützen.
2. Verbandstoffe sind nach Gebrauch zu waschen und erneut zu verwenden.
3. Medizinische Einreibungen werden immer mit medizinischen Schutzhandschuhen durchgeführt.
4. Vor dem Auftragen des Therapeutikums wird eine genaue Hautinspektion durchgeführt.
5. Cremes und Salben etc. werden nur mit Spateln entnommen.
6. Das zu verwendende Material ist griffbereit zu richten und nach Gebrauch zügig und sorgfältig zu verschließen.
7. Innenseiten von Deckel und Verschlusskappen sollten immer mit der Unterlage in Berührung kommen, um Keimbesiedelung zu fördern.

☐ a) Antworten 1, 2, 5 sind 7 sind richtig.
☐ b) Antworten 2, 5 und 7 sind richtig.
☐ c) Antworten 1, 3, 4, 5 und 6 sind richtig.
☐ d) Antworten 3, 5 und 7 sind richtig.

Aufgabe 15.8

➤ LB Kap. 15.2

Welche Materialien müssen Sie zur Durchführung einer medizinischen Einreibung richten?

➢ LB Kap. 15.2

Aufgabe 15.9

Beschreiben Sie die Durchführung einer medizinischen Einreibung.

➢ LB Kap. 15.2

Aufgabe 15.10

Welcher Gegenstand, den Sie zur Durchführung einer medizinischen Einreibung richten, fehlt?
Therapeutikum (Salbe, Creme, Gel, Lösung) – weitere Materialien, die zur Durchführung der ärztlichen Verordnung benötigt werden – Abwurfbehälter – Tupfer – Spatel – Watteträger – medizinische Schutzhandschuhe – gegebenenfalls Verbandmaterial

KAPITEL

16 Thermotherapie

Aufgabe 16.1

➢ LB Kap. 16

Die Thermotherapie wird in zwei Bereiche eingeteilt. Nennen Sie diese.

____

____

____

Aufgabe 16.2

➢ LB Kap. 16.1

Kreuzen Sie die richtigen Antworten an. Kälte kann folgende Wirkungen im Körper haben:

☐ a) Vasokonstriktion
☐ b) Vasodilatation
☐ c) verstärkte Durchblutung
☐ d) verminderte Durchblutung
☐ e) ödematös
☐ f) antiödematös
☐ g) fiebersteigernd
☐ h) schmerzhemmend

Aufgabe 16.3

➢ LB Kap. 16.2

Was müssen Sie bei der Anwendung von Kälte besonders beobachten?

____

____

____

____

____

____

➤ LB Kap. 16.2

Aufgabe 16.4

Nennen Sie zwei Erkrankungen bzw. Symptome, die eine Kontraindikation für die Anwendung von Kälte darstellen können.

➤ LB Kap. 16.2

Aufgabe 16.5

Wählen Sie die Anzeichen aus, an denen Sie eine Durchblutungsstörung erkennen können.

- ☐ a) Kälte der Haut
- ☐ b) rötliche Verfärbung der Haut
- ☐ c) Blässe der Haut
- ☐ d) erhöhte Sensibilität
- ☐ e) verringerte Sensibilität
- ☐ f) Überwärmung der Haut

➤ LB Kap. 16.2

Aufgabe 16.6

Was gilt es bei Menschen mit stark pigmentierter Haut bei Anwendung der Thermotherapie zu beachten?

Aufgabe 16.7

➢ LB Kap. 16.2

Nennen Sie fünf allgemeingültige Regeln, die Sie bei der Anwendung der Kältetherapie beachten müssen.

Aufgabe 16.8

➢ LB Kap. 16.3

Beschreiben Sie, welche Maßnahmen Sie einleiten, wenn Nebenwirkungen der Kältetherapie auftreten.

Aufgabe 16.9

➢ LB Kap. 16.4

Welche Personen sind besonders gefährdet, bei der therapeutischen Anwendung von Wärme Verbrennungen zu erleiden?

KAPITEL

17 Inhalationen

Aufgabe 17.1

➢ LB Kap. 17.2

Wobei wird im menschlichen Organismus Sauerstoff verbraucht?

Aufgabe 17.2

➢ LB Kap. 17.1

Welche Anteile des Atemsystems gehören zu den unteren Atemwegen?

Aufgabe 17.3

➢ LB Kap. 17.1

Wo genau findet in den Lungen der Gasaustausch statt?

➢ LB Kap. 17.3

Aufgabe 17.4

Welchen Einfluss hat die Größe der eingeatmeten Tröpfchen auf die Atemwege?

➢ LB Kap. 17.1

Aufgabe 17.5

Beschriften Sie die Grafik.

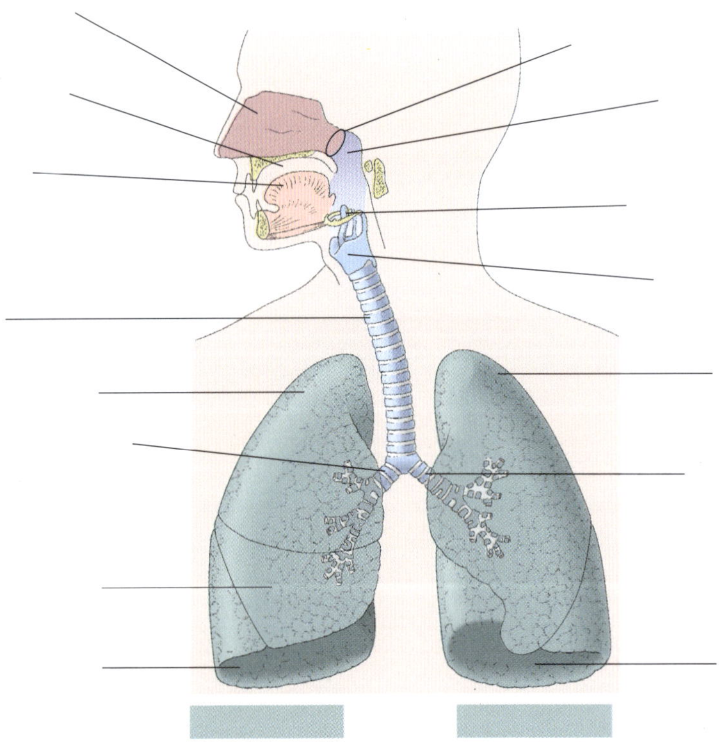

Aufgabe 17.6

➢ LB Kap. 17.2

Wie ist die Atemfrequenz eines erwachsenen Menschen pro Minute in Ruhe?

Aufgabe 17.7

➢ LB Kap. 17.3

Welche Inhalationsformen sind Ihnen bekannt?

➢ LB Kap. 17.5

Aufgabe 17.8

Was ist der Kutschersitz? Wie kann eine Person dazu angeleitet werden? Und in welchen Situationen ist diese Technik hilfreich?

Definition:

Anleitung:

Situationen:

➢ LB Kap. 17.6

Aufgabe 17.9

Das L.I.S.A.-Prinzip zur Pneumonieprophylaxe: Notieren Sie bitte die Bedeutung der einzelnen Buchstaben und nennen Sie zu den jeweiligen Bedeutungen eine prophylaktische Maßnahme.

Aufgabe 17.10

➤ LB Kap. 17.6

Welche Faktoren begünstigen das Entstehen einer Pneumonie?

KAPITEL

18 Notfall/Erste Hilfe

Aufgabe 18.1

➢ LB Kap. 18.1

Nennen Sie eine wichtige Pflicht, die Sie laut § 323c StGB nicht vernachlässigen dürfen, um Erste Hilfe zu leisten.

____

____

Aufgabe 18.2

➢ LB Kap. 18.1

Zählen Sie zwei Aufgaben auf, die Sie im Rahmen der Ersten Hilfe übernehmen können, ohne eine andere wichtige Pflicht zu vernachlässigen.

____

____

____

____

____

Aufgabe 18.3

➢ LB Kap. 18.2

Nennen Sie die „5 W des Notrufes".

W ____

W ____

W ____

W ____

W ____

➢ LB Kap. 18.2

Aufgabe 18.4

Wählen Sie die richtigen Aussagen aus: In der Bewusstlosigkeit …

☐ a) spannt sich die gesamte Muskulatur an
☐ b) erschlafft die Skelettmuskulatur
☐ c) hört immer das Herz auf zu schlagen
☐ d) findet Atmung statt

➢ LB Kap. 18.2

Aufgabe 18.5

Beschreiben Sie, wie Sie eine Atemkontrolle durchführen.

___

___

___

___

___

___

___

VERTIEFUNGSAUFGABE
Führen Sie bei einer anderen Person eine Atemkontrolle durch.

➢ LB Kap. 18.2

Aufgabe 18.6

Kreuzen Sie an, was bei der Seitenlage wichtig ist.

☐ a) Mund höher als der Magen
☐ b) Weitere Atemkontrollen
☐ c) Linker Arm muss unter dem Kopf liegen
☐ d) Mund tiefer als der Magen
☐ e) Kopf überstrecken
☐ f) Eine Art Schaukel bauen

VERTIEFUNGSAUFGABE
Bringen Sie eine andere Person in die Seitenlage.

Aufgabe 18.7

➢ LB Kap. 18.2

Bringen Sie folgende fünf Schritte in die richtige Reihenfolge.

Atemkontrolle	Atemkontrolle	Seitenlage
Notruf	Bewusstseinskontrolle	

1. ____________________
2. ____________________
3. ____________________
4. ____________________
5. ____________________

Aufgabe 18.8

➢ LB Kap. 18.2

Bringen Sie folgende vier Schritte in die richtige Reihenfolge.

Atemkontrolle	Herz-Lungen-Wiederbelebung
Notruf	Bewusstseinskontrolle

1. ____________________
2. ____________________
3. ____________________
4. ____________________

Aufgabe 18.9

➢ LB Kap. 18.2

Nennen Sie den Rhythmus von Herzkompressionen zu Beatmungen bei der Herz-Lungen-Wiederbelebung einer erwachsenen Person.

________ : ________

> LB Kap. 18.2

Aufgabe 18.10

Zählen Sie drei Gründe auf, bei denen eine Herz-Lungen-Wiederbelebung beendet werden darf.

> LB Kap. 18.3

Aufgabe 18.11

Nennen Sie drei mögliche Anzeichen eines Herzinfarktes.

> LB Kap. 18.3

Aufgabe 18.12

Nennen Sie vier mögliche Anzeichen eines Schlaganfalls.

Aufgabe 18.13

➤ LB Kap. 18.3

Markieren Sie die Aussagen, die für einen akuten Krampfanfall zutreffen.

☐ a) Die Dauer des Krampfanfalls ist unwichtig.
☐ b) Gefährliche Gegenstände aus dem Weg räumen.
☐ c) Krampfende Person festhalten, damit sie sich nicht verletzt.
☐ d) Rosafarbener Schaum vor dem Mund deutet auf eine starke Blutung hin.
☐ e) Ein Krampfanfall kann man immer an überschießenden Bewegungen erkennen.
☐ f) Die Zunge der krampfenden Person muss festgehalten werden, damit sie diese nicht verschluckt.
☐ g) Betroffene Person auskrampfen lassen.

Aufgabe 18.14

➤ LB Kap. 18.3

Nennen Sie drei Beobachtungen, die auf einen Knochenbruch hinweisen können.

____

____

____

____

____

Aufgabe 18.15

➤ LB Kap. 18.3

Bringen Sie die folgenden Maßnahmen, die Sie bei einer erheblichen Blutung ergreifen, in die richtige Reihenfolge.

Blutungsquelle ausfindig machen	Notruf
Sauberes Tuch aufpressen	Überwachung des Bewusstseins und der Atmung
Beruhigen, Beistand leisten	Ggf. Druckverband anlegen

1. ____

2. ____

3. ____

4. ____

5. ____

6. ____

➢ LB Kap. 18.3

Aufgabe 18.16

Wählen Sie aus, welche Anzeichen auf einen Schock hindeuten können.

☐ a) Rosige Haut
☐ b) Warmer Schweiß
☐ c) Getrübtes Bewusstsein
☐ d) Tachykardie und Hypertonie
☐ e) Zittern
☐ f) Verlangsamte Atmung

➢ LB Kap. 18.3

Aufgabe 18.17

Beurteilen Sie: Ist es sinnvoll, eine Person, bei der Sie eine Vergiftung mit Haushaltsreiniger vermuten, zum Erbrechen zu bringen?

☐ a) ja
☐ b) nein

➢ LB Kap. 18.3

Aufgabe 18.18

Nennen Sie den Zeitpunkt, zu dem ein Suizidversuch einer depressiven Person am wahrscheinlichsten ist.

____

____

____

____

Lösungen

Kapitel 1 Recht

Aufgabe 1.1

Definieren Sie den Begriff „Behandlungspflege".
Unter „Behandlungspflege" werden ärztliche Tätigkeiten verstanden, die vom Arzt an Pflegefachkräfte/Pflegepersonal delegiert werden (lat. delegare: anvertrauen, übertragen, hinschicken). Diese Tätigkeiten dienen dazu, Verschlimmerungen von Krankheiten zu verhüten, Krankheiten zu lindern oder zu heilen.

Aufgabe 1.2

Wer verordnet in welchem Fall Behandlungspflege?
Der behandelnde Arzt verordnet Behandlungspflege dann, wenn diese zu seinem Behandlungsplan gehört und die Betroffenen nicht mehr selbstständig in der Lage sind, Hilfestellung bei der Therapie zu leisten.

Aufgabe 1.3

Wer darf Leistungen der Behandlungspflege durchführen?
- Pflegefachkräfte, das heißt all jene Fachkräfte, welche eine dreijährige pflegerische Ausbildung mit staatlichem Abschluss absolviert haben.
- Arzthelfer/innen mit abgeschlossener Berufsausbildung, wenn diese dem Leistungsspektrum der Behandlungspflege entsprechende Beschäftigungszeiten vorweisen können.
- Altenpflegehelfer/innen, die den Nachweis einer Schulung (entsprechend curricularer Vorgaben) und eines mindestens dreimonatigen Praktikums, welches der Anleitung und Einarbeitung dient, erbringen können.
- Ambulante/r Pflegeassistenten/-in mit Schulungsnachweisen entsprechend der Vertragsvorgaben 140 Stunden Weiterbildung als Ambulante/r Pflegeassistent/-in und 186 Stunden LGI/LGII. Zudem ein Nachweis über drei jeweils vierwöchige Praxiseinsätze, bei Teilzeit entsprechend länger.
- Sonstige geeignete Personen, die einen Beschäftigungszeitraum dem Leistungsspektrum der Behandlungspflege entsprechend (ein Jahr in Vollzeit) und den Nachweis einer Schulung (entsprechend curricularer Vorgaben) vorweisen können.

Aufgabe 1.4

Nennen Sie zu jeder der vier Leistungsgruppen zwei Verrichtungen.
- Leistungsgruppe 1:
  - Blutdruckmessung
  - Blutzuckermessung
- Leistungsgruppe 2:
  - Verabreichen von Klistieren und Klysmen
  - Durchführung lokaler Therapien, wie medizinische Einreibungen und dermatologische Bäder
- Leistungsgruppe 3:
  - Anlegen von stützenden oder stabilisierenden Verbänden (Kompressionsverbänden)
  - Versorgung von mehr als zwei Dekubiti mit Kategorie 2
- Leistungsgruppe 4:
  - Techniken zur Darmentleerung, wie digitales Enddarmausräumen und der Hebe- und Senkeinlauf
  - Versorgung eines oder mehrerer Dekubiti der 3. und 4. Kategorie

Zur ergänzenden Beantwortung lesen Sie bitte das Kapitel 1.1 im Lehrbuch.

Aufgabe 1.5

Welche Leistungsgruppen dürfen sonstige geeignete Personen durchführen, die einen Beschäftigungszeitraum dem Leistungsspektrum der Behandlungspflege entsprechend vorweisen und den Nachweis einer Schulung (entsprechend curricularer Vorgaben) vorweisen können?
Die Leistungsgruppen 1 und 2.

Aufgabe 1.6

Beschreiben Sie mit Ihren eigenen Worten den Begriff „Anordnungsverantwortung“.
Derjenige, der eine Maßnahme anordnet, trägt sowohl die Verantwortung für die Auswahl des richtigen Delegierungsadressaten (derjenige, der die Handlung durchführt) als auch die Anordnungsverantwortung (richtige Anordnung der Maßnahme). Die Anordnungsverantwortung trägt in jedem Fall der Arzt bzw. die Ärztin.

Aufgabe 1.7

Beschreiben Sie mit Ihren eigenen Worten den Begriff „Durchführungsverantwortung“.
Durchführungsverantwortung bedeutet, dass derjenige, welcher eine Handlung am Patienten/Bewohner durchführt, die Verantwortung für sein Tun trägt.

Aufgabe 1.8

Welche Informationen werden im Pflegebericht festgehalten?
Der Pflegebericht enthält alle Besonderheiten, die im Verlauf der Pflege und Durchführung der Versorgung auftreten. Er beinhaltet Angaben zu Veränderungen des Zustandes und zum Befinden des zu Pflegenden sowie aktuelle Krankenbeobachtungen.

Aufgabe 1.9

Nennen Sie fünf Grundregeln der Dokumentation.
- Persönlich mit Handzeichen (es dokumentiert derjenige, der eine Leistung erbracht oder eine Beobachtung gemacht hat)
- Zeitnahe Eintragungen
- Datum/Uhrzeit
- Dokumentenechter Stift, z. B. Kugelschreiber
- Keine Veränderungen von Eintragungen; Fehleintragungen werden lediglich mit einem Querstrich durchgestrichen, sodass sie noch lesbar sind
- Eintragungen müssen leserlich und verständlich sein
- Kurze, klare, vollständige Zustands- oder Situationsbeschreibungen
- Doppeldokumentation ist zu vermeiden
- Die Dokumentation ist wertfrei durchzuführen, sie beschreibt objektiv den Zustand des Patienten/der Patientin
- Die Dokumentation dient ausschließlich der Weitergabe von fachlichen Informationen

Kapitel 2 Hygiene

Aufgabe 2.1

Nennen Sie drei Regeln der Personalhygiene für Personen, die im direkten Kontakt mit zu Pflegenden arbeiten.
Die **Hände von Pflegepersonal,** welches mit zu Pflegenden in Kontakt kommt, sollten in einem sauberen und gepflegten Zustand sein. Die **Fingernägel** sollten unlackiert und kurz geschnitten sein, um Infektions- und Eigenschutz auszuüben. In Studien konnte belegt werden, dass künstliche Fingernägel und das Tragen von Nagellack eine Keimbesiedelung mit möglichen krankheitserzeugenden Erregern und Pilzen fördert. Nagellack und künstliche Fingernägel stellen zudem nicht nur einen Übertragungsweg dar, sie sind auch eine potenzielle Verletzungsquelle für zu Pflegende. Die Deutsche Gesellschaft für Krankenhaushygiene e. V. (DGKH) spricht in der gegebenen Empfehlung ein unmissverständliches Verbot für das Tragen von künstlichen Fingernägeln einschließlich weiterer Nagelverlängerungen, Nagelstärkungen und Nagellacken bei direktem Patientenkontakt aus. Weiterhin sollte an Unterarmen und Händen aus hygienischer Sicht und wegen bestehender Verletzungsgefahr **kein Schmuck** getragen werden. Das Pflegepersonal sollte darauf achten, dass **langes oder längeres** Haar bei körperlichen Verrichtungen nicht in den Arbeitsbereich hängt. Aus diesem Grund ist es zusammenzubinden. **Parfums** oder andere stark riechende Duftstoffe sollten sparsam verwendet werden, um allergische Reaktionen der Atemwege oder Geruchsbelästigung zu vermeiden.
Auf das ordnungsgemäße **Tragen von Berufs-, Bereichs- und Schutzkleidung** ist zu achten. Dienstkleidung sollte sich in einem ordentlichen und sauberen Zustand befinden. Schuhe, die zur Arbeit getragen werden, müssen den Bestimmungen des Arbeitsschutzes entsprechen.

Aufgabe 2.2

In welchen Situationen ist das Waschen der Hände angezeigt? Nennen Sie drei Beispiele.
- Bei sichtbaren Verschmutzungen
- Vor Arbeitsantritt und nach Beendigung der Arbeit
- Vor und nach der Pause
- Nach einem Toilettengang
- Vor der Zubereitung und Darreichung von Speisen

Erklärung: Natürlich können Hände bei Bedarf auch häufiger gewaschen werden, falls dies dem eigenen Wohlbefinden dient. Bei häufigem Waschen sollte jedoch die höhere Hautbelastung bedacht werden.

Aufgabe 2.3

Erklären Sie mit Ihren eigenen Worten die Durchführung der Waschung der Hände.
Die Bundeszentrale für gesundheitliche Aufklärung (BZgA) weist auf fünf einfache Regeln für wirksames Händewaschen hin:
1. Anfeuchten der Hände unter fließendem sauberen Wasser
2. Einseifen der Fingerzwischenräume, Fingerspitzen, Handflächen und Handrücken
3. Gründliches Einschäumen der Hände, mindestens 20–30 Sekunden
4. Abwaschen von Seife, Schmutz und Krankheitserregern unter fließendem Wasser
5. Sorgfältiges Abtrocknen mit einem sauberen Tuch

Lesen Sie zur weiteren Information das Kapitel 2.2 im Lehrbuch.

Aufgabe 2.4

Warum ist die hygienische Händedesinfektion der Waschung vorzuziehen?
Häufige Waschung strapaziert die Haut. Durch häufige Reinigung mit Wasser und Seife werden der Haut Fette entzogen. Dies beeinträchtigt den Säureschutzmantel der Haut und daraus resultierend auch ihre Schutzfunktion. Wegen der geringeren Wirksamkeit der Waschung gegenüber der Desinfektion und der höheren Belastung der Haut ist die Händewaschung keine Alternative zur Desinfektion. Bei der Waschung der Hände verbleiben Keime auf der Haut, die nicht zur natürlichen Flora der Haut der Hände gehören.

Aufgabe 2.5

Wann ist die hygienische Händedesinfektion angezeigt? Nennen Sie Beispiele.

- Bei mutmaßlicher oder tatsächlicher Berührung mit infektiösem Material, wie Körperausscheidungen und Körperflüssigkeiten und hiermit in Berührung gekommenen Gegenständen
- Bei Kontakt zu mutmaßlich oder tatsächlich infektionsverdächtigen zu Pflegenden

Zur weiteren Kontrolle lesen Sie das Kapitel 2.2 im Lehrbuch.

Aufgabe 2.6

Wie viel Desinfektionsmittel wird zur hygienischen Händedesinfektion verwendet? Kreuzen Sie die richtige Antwort an.

☐ a) 3 ml
☐ b) 10 ml
☐ c) 2–5 ml
☐ d) 5–10 ml
☑ e) 3–5 ml

Erklärung: Die Hände werden mit Desinfektionsmittel benetzt (die Menge richtet sich nach den Herstellerangaben, in der Regel 3–5 ml).

Aufgabe 2.7

Wie lange führen Sie die hygienische Händedesinfektion durch, bzw. wie lange ist die Einwirkzeit eines Desinfektionsmittels zur hygienischen Händedesinfektion?
Die Haut muss ca. 30 Sekunden lang ausreichend mit dem verwendeten Mittel befeuchtet sein. Unter Umständen muss Desinfektionsmittel nachgenommen werden, damit keine Benetzungs- und somit Desinfektionslücken entstehen.

Aufgabe 2.8

Schreiben Sie die Durchführung der hygienischen Händedesinfektion der Reihe nach gemäß Europäischer Norm auf.
Nach neuesten Erkenntnissen ist die standardisierte Methode nach DIN EN 1500 anderen Methoden nicht vorzuziehen. Wichtig ist das Benetzen und Einreiben aller Stellen, also ausreichend Desinfektionsmittel und das Einhalten der Einwirkzeit.
Die Aktion saubere Hände bringt die hygienische Händedesinfektion so auf den Punkt:

- Desinfektionsmittel auf die trockenen Hände!
- Die Hände müssen nass sein
- Daumen, Fingerkuppen und Nagelfalz nicht vergessen
- 30 Sekunden Einwirkzeit

Bitte beachten:

- Waschen mit Seife und Wasser nur bei sichtbarer Verschmutzung
- Kurze, unlackierte Fingernägel
- Keine Ringe
- Keine Uhren

Aufgabe 2.9

Wann ist die hygienische Händedesinfektion angeraten? Nennen Sie drei Beispiele.

- Nach dem Ablegen der Schutzhandschuhe nach erfolgter grundpflegerischer Tätigkeit (Waschung von zu Pflegenden)
- Vor der Zubereitung oder Verteilung von Essen
- Verabreichung von Medikamenten, je nach Verabreichungs- oder Darreichungsform

Die Erklärung zur Lösung ergibt sich aus den Aufgaben 2.4 und 2.5.

Aufgabe 2.10

Ist diese Aussage richtig oder falsch?
Das Tragen von medizinischen Einmalhandschuhen ist immer dann angezeigt, wenn Tätigkeiten verrichtet werden, bei denen eine Pflegekraft vorhersehbar oder wahrscheinlich mit Blut und Körperflüssigkeiten (Sekreten oder Exkreten) in Kontakt kommt oder kommen könnte oder wenn diese aus hygienischen Gründen zur Infektionsprophylaxe angezeigt sind.
Richtig.

Kapitel 3: Arzneimittellehre, Herrichten und Verabreichen von Arzneimitteln

Aufgabe 3.1

Was ist ein Arzneimittel und wozu dient dieses?
Ein Arzneimittel ist ein Stoff oder eine Zubereitung aus Stoffen. Diese Stoffe dienen der Verhütung, Linderung, Heilung oder Diagnose einer Krankheit.

Aufgabe 3.2

Aus welchem Gemisch besteht ein Arzneimittel?
Ein Arzneimittel ist ein Gemisch aus Hilfs- und Wirkstoffen.

Aufgabe 3.3

Nennen Sie drei Hilfsstoffe und jeweils eine Eigenschaft des jeweiligen Hilfsstoffes.

Hilfsstoff	Eigenschaft
Farbstoff	Verbesserung der Optik
Maisstärke	Füllstoff
Saccharose	Geschmacksverbesserung

Aufgabe 3.4

Welcher der Arzneimittelnamen ist für eine bessere Übersichtlichkeit der geeignetste für Pflegekräfte? Begründen Sie Ihre Aussage mit einem Satz.
Zur Orientierung für Pflegepersonal ist der internationale Freiname (International Nonproprietary Name (INN), generic name) am dienlichsten. Der Freiname entspricht meist der chemischen Kurzbezeichnung der verwendeten Substanz des Arzneimittels. Bei Aspirin® ist dies beispielsweise Acetylsalicylsäure. Eine solche chemische Kurzbezeichnung findet sich auf jedem Arzneimittel.

Aufgabe 3.5

Erklären Sie den Begriff „Handelsname".
Der Handelsname oder auch Präparatname ist der Name, unter dem ein Hersteller ein Produkt vertreibt. Bei der Namensfindung ist ein Hersteller nur an wenige Vorgaben gebunden und entscheidet sich zumeist für einen wohlklingenden und somit werbewirksamen Namen, z. B. Aspirin®.

Aufgabe 3.6

Nennen Sie drei Namenszusätze für Arzneimittelnamen.
- Retard/Depot: Diese Namenszusätze weisen auf eine verlängerte und/oder verzögerte Wirkung des Arzneimittels hin.
- Akut: Dieser Namenszusatz weist auf eine schnelle Wirkung des Arzneimittels hin.
- Minor: Dieser Namenszusatz weist auf eine geringere Wirkstoffdosierung des Arzneimittels hin.
- Forte: Dieser Namenszusatz weist auf eine höhere Wirkstoffdosierung des Arzneimittels gegenüber anderen Präparaten hin.
- Mono: Dieser Namenszusatz weist darauf hin, dass nur ein Wirkstoff im Arzneimittel enthalten ist.
- Comp/Compositum oder Plus: Diese Namenszusätze weisen darauf hin, dass im Arzneimittel mehrere Wirkstoffe oder auch Wirkstoffgemische vorhanden sind; die entsprechenden Wirkstoffmengen der Einzelkomponenten werden meist ebenfalls angegeben, z. B. 100 mg/25 mg.

Aufgabe 3.7

Erklären Sie den Begriff „Generika" mit Ihren eigenen Worten.
Generika sind Fertigarzneimittel, die unter ihrer Wirkstoffbezeichnung bzw. unter einem anderen (nicht geschützten) Freinamen auf den Markt gebracht werden.

Aufgabe 3.8

Beschreiben Sie zwei Probleme, die bei der Gabe von Generika entstehen können.
Durch den fehlenden Wiedererkennungseffekt der Medikation durch ein anderes äußeres Erscheinungsbild kommt es zu Unsicherheiten oder auch zur Verweigerung von Medikamenten, da Menschen Medikamente, die sie nicht kennen, häufig ablehnen oder für falsch halten, da der optische Kontrolleffekt für die Person nicht mehr gegeben ist. Auch können Pflegekräfte durch die hohe Anzahl von verordneten Generika heute nicht mehr allein durch optische Kontrolle sicher sein, das richtige Medikament zu verabreichen.

Aufgabe 3.9

Erklären Sie die Worte „Pharmakokinetik" und „Pharmakodynamik" mit Ihren eigenen Worten.
- **Pharmakodynamik** ist die Lehre, die sich mit den erwünschten und unerwünschten Wirkungen eines Arzneistoffes auf den Organismus befasst: Was macht die verabreichte Substanz im Körper?
- **Pharmakokinetik** ist die Lehre von der Aufnahme (Resorption), Verteilung, Verstoffwechselung (Biotransformation) und Ausscheidung (Elimination) eines Arzneistoffes im Organismus: Was macht der Körper mit der verabreichten Substanz?

Aufgabe 3.10

Wo liegt der Unterschied zwischen den beiden Lehren: Pharmakokinetik und Pharmakodynamik?
Pharmakodynamik gibt an, was die Substanz im Körper, Pharmakokinetik gibt an, was der Köper mit der Substanz macht.

Aufgabe 3.11

Was ist der First-Pass-Effekt und warum muss dieser beachtet werden?
Ein Wirkstoff gelangt, nachdem er in den Blutkreislauf abgegeben wurde, in die Leber. Dort wird durch die Entgiftungsfunktion der Leber das Blut gefiltert. Hierbei kann ein Teil des Wirkstoffs verloren gehen. Diesen Mechanismus nennt man First-Pass-Effekt. Dieser Effekt bestimmt unter anderem die Höhe der Wirksubstanz, die ein Medikament enthalten muss, damit es wirksam wird (eine pharmakologische Wirkung erzielt werden kann).

Aufgabe 3.12

Erklären Sie den Begriff „Halbwertszeit". Warum ist es in der Praxis wichtig, diese zu kennen?
Die Halbwertszeit (HWZ) ist die Zeitspanne, in der die Wirkstoffkonzentration im Körper ohne erneute Einnahme auf die Hälfte gesunken ist. Im Umkehrschluss gibt die HWZ auch Aufschluss darüber, wie lange ein Medikament wirkt. Eine kurze HWZ bedeutet, dass ein Medikament vom Körper schnell eliminiert (verstoffwechselt und ausgeschieden) wird und daher oft mehrmals täglich eingenommen werden muss. Eine lange HWZ hat zur Folge, dass ein Medikament lange im Körper verbleibt und somit lange wirksam ist. Die Notwendigkeit einer erneuten zeitnahen Einnahme entfällt. Das bedeutet, dass der Fremdstoff, also das Arzneimittel, länger im Organismus verbleibt und auch eventuelle Nebenwirkungen des Medikaments über einen längeren Zeitraum bestehen, wenn keine neue Gabe mehr erfolgt.

Aufgabe 3.13

Was ist eine Nebenwirkung?
Arzneimittel haben nicht nur die gewünschte heilende oder lindernde Wirkung, für die sie konzipiert wurden. Sie können auch eine Reihe unerwünschter Wirkungen mit sich bringen, die jedoch gegen den größeren Nutzen der Heilung abgewogen werden müssen, diese nennt man Nebenwirkung (NW). Eine Nebenwirkung ist eine zumeist unerwünschte Arzneimittelwirkung, die bei der Arzneimitteltherapie auftreten kann. Es gibt eine Fülle von Nebenwirkungen, die sich aus den jeweiligen Substanzen und Wirkweisen eines Arzneimittels ergeben.

Aufgabe 3.14

Was tun Sie, wenn Sie Nebenwirkungen eines Arzneimittels bei einem zu Pflegenden beobachten?
Bei beobachteten möglichen Nebenwirkungen eines Medikamentes müssen Sie unverzüglich den Arzt bzw. die Ärztin informieren! Der Arzt oder die Ärztin kann dann entscheiden, ob eine Therapie beendet oder umgestellt werden soll.

Aufgabe 3.15

Was ist eine Wechselwirkung?
Als Wechselwirkung wird das Phänomen der veränderten Arzneimittelwirkung bei gleichzeitiger oder aufeinander folgender Gabe verschiedener Mittel bezeichnet. Wechselwirkungen können nicht allein durch die Einnahme mehrerer Arzneimittel hervorgerufen werden, sondern auch durch gleichzeitigen Genuss von Suchtmitteln, wie z. B. Alkohol.

Aufgabe 3.16

Was tun Sie, wenn Sie Wechselwirkungen eines Arzneimittels bei einem zu Pflegenden beobachten?
Bei beobachteten möglichen Wechselwirkungen eines Medikamentes müssen Sie unverzüglich den Arzt bzw. die Ärztin informieren! Der Arzt oder die Ärztin kann dann entscheiden, ob eine Therapie beendet oder umgestellt werden soll.

Aufgabe 3.17

Nennen Sie fünf Informationen, die in einem Beipackzettel ausgewiesen sind.
Folgende Angaben müssen laut § 11 des Gesetzes über den Verkehr mit Arzneimitteln enthalten sein:
- Bezeichnung des Arzneimittels (AZM), Name und Stärke, Darreichungsform, ggf. Hinweise, ob das AZM zur Anwendung für Erwachsene, Kinder oder Säuglinge bestimmt ist
- Beschreibung des Behandlungsziels, also der Indikation des AZM, und/oder seiner Wirkweise
- Anwendungsgebiete des AZM

Informationen für den Verbraucher wie:
- Kontraindikationen, also Gegenanzeigen des AZM
- Nebenwirkungen und Wechselwirkungen des AZM
- Eventuell zu ergreifende Vorsichtsmaßnahmen bei der Einnahme
- Warnhinweise

Für eine ordnungsgemäße Verwendung erforderliche Anweisungen wie:
- Art der Verabreichung
- Dauer der Behandlung (falls diese begrenzt sein sollte)
- Handlungsempfehlungen bei eventueller Überdosierung oder unterlassener Einnahme
- Häufigkeit der Einnahme ggf. mit Angabe des genauen Zeitpunkts
- Ausdrückliche Empfehlung, den Arzt oder Apotheker zur Klärung der Verwendung des Arzneimittels zu befragen: „Fragen Sie Ihren Arzt oder Apotheker"
- Eventuell auftretende Entzugserscheinungen nach dem Absetzen des Arzneimittels
- Verfallsdatum sowie Warnhinweis, das Arzneimittel nach Überschreiten dieses Datums nicht zu verwenden
- Hinweise auf besondere Vorsichtsmaßnahmen für die Aufbewahrung/Lagerung des Arzneimittels
- Vollständige Zusammensetzung der Arzneistoffe in genauer Mengenangabe und Arzneiträgerstoffe ohne Mengenangabe
- Darreichungsform und Inhalt nach Gewicht, Volumen oder Dosierungseinheiten
- Name und Anschrift des Inhabers der Genehmigung für das Inverkehrbringen
- Name und Anschrift des Herstellers
- Datum der letzten Überarbeitung der Packungsbeilage

Aufgabe 3.18

Wie kann man einen Beipackzettel noch nennen? Geben Sie zwei Beispiele.
Synonym werden für Beipackzettel auch die Bezeichnungen Packungsbeilage oder Waschzettel verwendet.

Aufgabe 3.19

Erklären Sie den Unterschied zwischen lokaler und systemischer Arzneimitteltherapie.
Die lokale Therapie ist die „örtliche" und die systemische die „den gesamten Organismus betreffende" Therapie. Bei der lokalen Arzneimitteltherapie ist die Wirkung des Medikaments auf den Wirkort begrenzt. Sie soll nicht auf den gesamten Organismus abzielen. Bei der systemischen Arzneimitteltherapie ist die Wirkung des Medikaments generalisiert. Durch das Gelangen des Wirkstoffs in die Blutbahn betrifft sie den gesamten Organismus.

Aufgabe 3.20

Schreiben Sie alle Angaben auf, die eine telefonische ärztliche Anordnung enthält, so als ob Sie diese in eine Dokumentation eintragen würden.

- Datum der Ausstellung
- Ausstellender Arzt/ausstellende Ärztin
- Verordnungszeitraum und Häufigkeit der Durchführung
- Medikament und Wirkstärke
- Dosis (Einzel- und Maximaldosis in 24 Std.)
- Darreichungsform
- Evtl. Befristung der Gabe
- Entgegennehmende Pflegekraft (Handzeichen)
- VUG Prinzip

Aufgabe 3.21

Schreiben Sie alle Hinweise auf, die darauf deuten, dass ein Arzneimittel abgelaufen ist.

- Konsistenzveränderungen
- Verformungen
- Verkleben von Arzneimitteln
- Abgeplatzte Überzüge von Dragees
- Verformungen von Suppositorien
- Geruchsveränderungen von Arzneimitteln (auffällige Veränderungen des bekannten Geruchs)
- Beimengungen bei flüssigen Arzneimitteln
- Ausflockungen
- Bodensatz
- Trübungen (in klaren Flüssigkeiten)
- Veränderungen der Farbe des Arzneimittels
- Flecken
- Lokale Verfärbungen
- Farbveränderungen

Aufgabe 3.22

Wann verwerfen Sie ein Arzneimittel?

Besteht bei einem Arzneimittel ein Hinweis darauf, dass es abgelaufen ist, ist das Arzneimittel zu verwerfen.

Aufgabe 3.23

Welche Angaben sollte eine ärztliche Verordnung enthalten?

- Datum der Ausstellung
- Ausstellender Arzt
- Verordnungszeitraum und Häufigkeit der Durchführung
- Arzneimittel und Wirkstärke
- Dosis (Einzel- und Maximaldosis in 24 Std.)
- Darreichungsform
- Evtl. Befristung der Gabe
- Entgegennehmende Pflegekraft (Handzeichen)
- VUG-Prinzip

Aufgabe 3.24

Schreiben Sie die Abkürzung „VUG" aus.
V: Vorlesen
U: und
G: genehmigen lassen

Aufgabe 3.25

Warum ist es für die pflegerische Praxis wichtig, die Bedarfssituation geklärt zu haben?
Die Bedarfsmedikation ist eine Medikation, die der Arzt bzw. die Ärztin für den Bedarfsfall verordnet. Der Bedarfsfall ist eine vorher klar definierte Situation, die für einen bestimmten zu Pflegenden eintreten könnte. Im Umgang mit Bedarfssituationen bestehen in der pflegerischen Praxis oft Unsicherheiten und es entstehen mitunter pflegerische Überschreitungen von Kompetenzen. Wenn die Bedarfssituation nicht unmissverständlich definiert ist, führt dies in der pflegerischen Praxis dazu, dass Pflegepersonen den Bedarf definieren und daraus eine Handlung ableiten. Somit entscheidet die Pflegeperson in diesem Moment allein, ob ein Bedarf in der Situation besteht, und verabreicht dann das verordnete Medikament. Diese Entscheidung obliegt jedoch nicht der Pflegeperson, sondern dem Arzt oder der Ärztin. Eventuelle Konsequenzen müssen dann von der Pflegeperson getragen werden.

Aufgabe 3.26

Nennen Sie die 6-R-Regel.
5-R-Regel:
- **R**ichtiger Patient oder richtige Patientin
- **R**ichtiges Arzneimittel
- **R**ichtige Dosierung und Konzentration
- **R**ichtige Applikationsart
- **R**ichtiger Zeitpunkt

Nicht zu vergessen ist das 6. R:
- **R**ichtige Dokumentation

Klassischerweise besteht diese Regel aus 5-R, doch aus dem heutigen Pflegeverständnis heraus ist auch die richtige Dokumentation des Handelns unerlässlich.

Aufgabe 3.27

Warum sollten Arzneimittel bei alten Menschen ein- und ausschleichend dosiert werden?
Wegen der veränderten Stoffwechsellage im Alter können Medikamente mitunter nicht nur schlechter aufgenommen und transportiert werden, sondern auch schlechter abgebaut beziehungsweise ausgeschieden werden.

Aufgabe 3.28

Warum ist eine genaue Krankenbeobachtung bei der Verabreichung von Arzneimitteln wichtig?
Damit eventuell auftretende Neben- und/oder Wechselwirkungen vom Pflegepersonal erkannt werden können.

Kapitel 4: Verabreichung von Augentropfen und -salben

Aufgabe 4.1

Wie heißt das Fachwort für Augenheilkunde?
Ophthalmologie

Erklärung: Die Ophthalmologie ist ein eigenes medizinisches Fachgebiet, das sich mit den Erkrankungen des Auges beschäftigt.

Aufgabe 4.2

Beschriften Sie die Grafik.

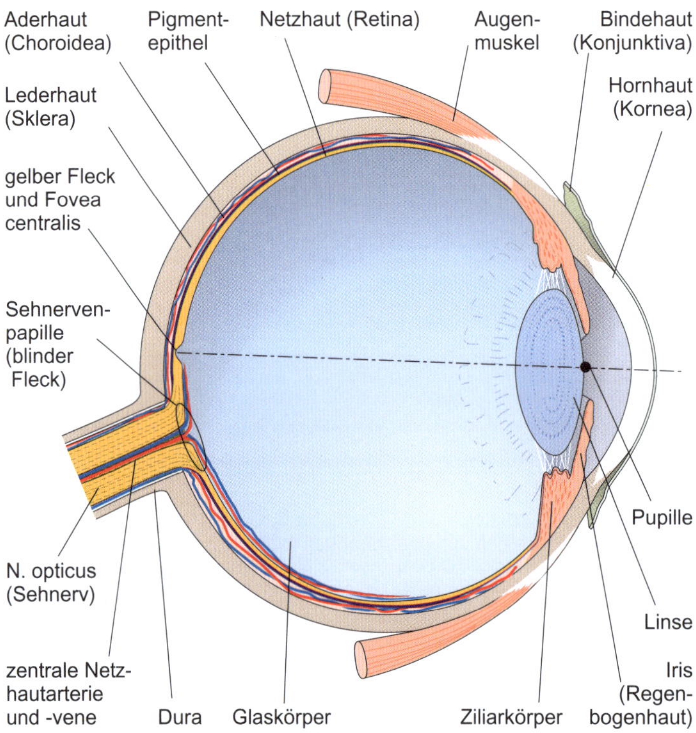

Aufgabe 4.3

Sortieren Sie das Fachwort der Übersetzung und der jeweiligen Abkürzung zu.

- Linkes Auge (Oculus sinister) = LA
- Rechtes Auge (Oculus dexter) = RA
- Beide Augen (Oculi uterque) = bds./RL

Aufgabe 4.4

Welche beiden Arten der Bindehautentzündung (Konjunktivitis) kennen Sie?
Es gibt zum einen die **infektiöse** Bindehautentzündung, hier sind Bakterien, Viren oder Pilze Ursache der Infektion, und zum anderen die **nicht infektiöse** Bindehautentzündung. Die Ursachen der nicht infektiösen Bindehautentzündung sind vielfältig, z. B. lange Sonneneinstrahlung, allergische Reaktionen oder auch mechanische Schädigungen.

Aufgabe 4.5

Kreuzen Sie die richtigen Antworten an, die zu den Symptomen einer Bindehautentzündung (Konjunktivitis) gehören.

☑ Die Augen sind gerötet, jucken, brennen.
☑ Die Betroffenen haben ein reibendes Fremdkörpergefühl im Auge.
☑ Die Augen sind geschwollen (die Schwellung kann von unterschiedlichem Ausmaß sein).
☑ Je nach Krankheitsursache kann das abgesonderte Sekret eitrig, wässrig oder schleimig sein.

Aufgabe 4.6

Nennen Sie das Fremdwort für Grünen Star.

Unter dem Begriff Glaukom oder auch Grüner Star sind Augenerkrankungen zusammengefasst, die einen erhöhten Augeninnendruck aufweisen. Es gibt verschiedene Glaukom-Arten, diese werden nach der Ursache, welche für den Anstieg des Augeninnendrucks vorliegt, unterschieden.

Aufgabe 4.7

Benennen Sie zwei Symptome der chronischen Form des Glaukoms und zwei Symptome der akuten Form des Glaukoms.

- Symptome des chronischen Glaukoms:
  - Sehen von Nebel, Schleiern oder farbiger Ringe, der sogenannten Newton-Ringe
  - Gesichtsfeldausfälle
  - Augenrötung
  - Augenbrennen
- Symptome des akuten Glaukoms:
  - Plötzlich auftretende Schmerzen im Auge, die in die Gesichtshälften strahlen
  - Heftige Übelkeit und Erbrechen
  - Stark herabgesetztes Sehvermögen

Aufgabe 4.8

Nennen Sie das Fremdwort für Grauen Star.

Der Graue Star oder auch Katarakt ist eine Trübung der Augenlinse, die zu Störungen der Lichtbrechung führt. Die häufigste Form ist der Altersstar (erworbene Katarakt). Weiterhin gibt es angeborene Formen der Katarakt oder eine Linsentrübung aufgrund anderer bestehender Krankheiten wie Glaukom, Netzhautablösung oder Augenverletzungen.

Aufgabe 4.9

Welche Antwortkombination zu den Risikofaktoren zur Entstehung eines Grauen Stars ist richtig?

1. Diabetes mellitus, 2. Störungen des Wasser- und Elektrolythaushaltes, 3. Starke Sonneneinstrahlung, 4. Diabetes mullitesus, 5. Röntgenbestrahlungen des Auges, 6. Häufige Flatulenzen

☐ a) Antworten 1, 3, 5 und 6 sind richtig.
☑ b) Antworten 1, 2, 3 und 5 sind richtig.
☐ c) Antworten 1, 4, 5 und 6 sind richtig.

Erklärung: Die Ursachen für die erworbene Katarakt sind noch nicht gänzlich geklärt. Jedoch sind einige Risikofaktoren, die das Entstehen der Krankheit begünstigen, bekannt. Diese sind: Diabetes mellitus, Störungen des Wasser- und Elektrolythaushaltes und starke Sonneneinstrahlung. Weiterhin sind die medikamentöse Therapie mit Glukokortikoiden oder auch Röntgenbestrahlungen des Auges als Risikofaktoren bekannt.

Aufgabe 4.10

Nennen Sie zwei Beispiele für Arzneimittel der Augenheilkunde und beschreiben diese mit einem Satz.
Augentropfen sind Arzneimittel zur Behandlung von Augenkrankheiten. Dabei handelt es sich vorwiegend um wässrige Lösungen, die in den Bindehautsack eingeträufelt werden. Augensalben und ölhaltige Augentropfen bilden einen Film auf dem Auge (dieser kann das Sehen behindern). Als positiv wird von den Menschen ein kühlender Effekt der Tropfen empfunden.

Aufgabe 4.11

Vor der Gabe von Augentropfen sollten diese auf ihre Richtigkeit kontrolliert werden. Geben Sie vier Situationen an, in denen dies geschieht.
- Bei Entnahme aus dem Medikamentenschrank
- Beim Entnehmen des Medikaments aus der Verpackung
- Vor der Vergabe der Augentropfen
- Beim Einsortieren des Medikaments in die Aufbewahrung des zu Pflegenden

Aufgabe 4.12

Beschreiben Sie die Durchführung der Gabe von Augentropfen mit Ihren eigenen Worten.
- Benötigte Materialien griffbereit stellen
- Zu Pflegenden informieren
- Hygienische Händedesinfektion
- Lagerung des zu Pflegenden: hinsetzen oder hinlegen lassen, bitten, den Kopf nach hinten zu neigen oder diesen anzulehnen
- Handschuhe anziehen
- Zu Pflegenden bitten, nach oben zu sehen und die Augen geöffnet zu halten (so trifft das Medikament nicht direkt auf die Bindehaut)
- Das untere Augenlid nahe am Wimpernrand mit Hilfe eines Tupfers vorsichtig nach unten ziehen
- Die Hand, die das Arzneimittel verabreicht, an der Stirn des zu Pflegenden abstützen
- Einen Tropfen oder einen ca. 0,5 cm großen Salbenstrang in den Bindehautsack einbringen
- Den zu Pflegenden das Auge langsam schließen lassen (ohne Zukneifen), damit sich das Arzneimittel gleichmäßig verteilen kann (das Auge sollte einige Sekunden geschlossen bleiben)
- Zu Pflegendem einen Tupfer reichen, damit er das eventuell herausgelaufene Medikament abwischen kann, ggf. Hilfestellung leisten
- Arzneimittel unverzüglich wieder verschließen, um die Keimbesiedlung so gering wie möglich zu halten (Infektionsprophylaxe)
- Handschuhe wegwerfen, Hände desinfizieren
- Dokumentation

Kapitel 5: Blutdruckmessung

Aufgabe 5.1

Welche Aufgabe hat das Herz im menschlichen Organismus? Nur eine Antwort trifft zu, kreuzen Sie diese an.
☐ a) Abbauort für rote Blutkörperchen
☑ b) Pumpt das Blut durch den Körper
☐ c) Bildet Glukagon
☐ d) Wird zu den Makroangiopathien gezählt

Erklärung: Der Herzmuskel hat die Funktion einer Pumpe, die dafür sorgt, dass das Blut durch das Gefäßnetz der Arterien und Venen ständig in unserem Körper kreist.

Aufgabe 5.2

Nennen Sie die drei Schichten des Herzens von innen nach außen. Beginnen Sie mit der inneren Schicht.
Endokard – Myokard – Epikard

Aufgabe 5.3

Wie werden die Klappen im Herzen genannt?
Segelklappen und Taschenklappen

Aufgabe 5.4

Welche Struktur trennt die rechte von der linken Herzhälfte?
Die Herzscheidewand (Septum)

Aufgabe 5.5

Wie viel Blut fassen die Vorhöfe und Kammern in etwa?
Die Vorhöfe und Kammern fassen ca. 70 ml bis 100 ml Blut. Je nach Herzgröße beträgt das Gesamtvolumen somit in etwa 250–400 ml Blut.

Aufgabe 5.6

Nennen Sie die Stationen der Erregungsbildung und Erregungsleitung des Herzens. Beachten Sie die richtige Reihenfolge, wo beginnt der Impuls und wo endet er?
1. Sinusknoten
2. AV-Knoten
3. His Bündel
4. re./li. Kammerschenkel (Tawaraschenkel)
5. Purkinje Fasern

Aufgabe 5.7

Zeichnen Sie den Weg des Blutes innerhalb des Herzens ein und beschriften Sie die Grafik.

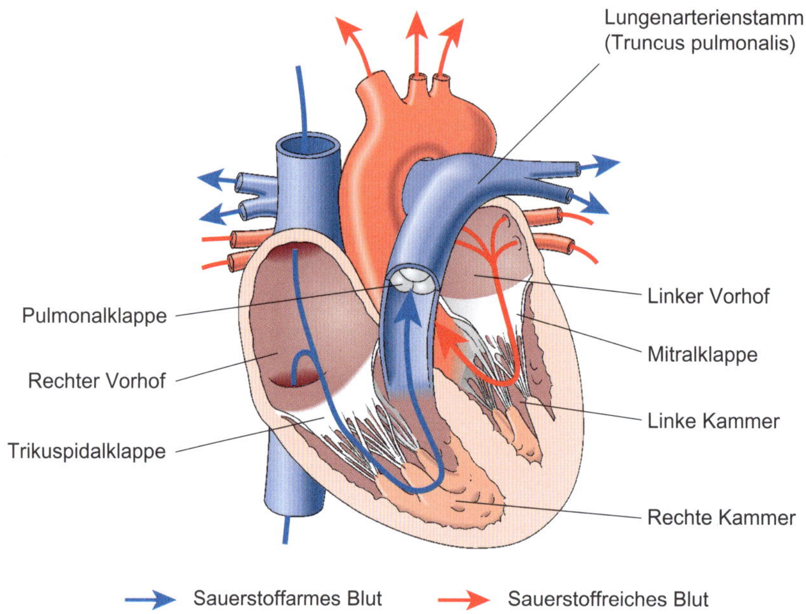

Aufgabe 5.8

Wie wird der erste hörbare und der letzte hörbare Ton bei der Blutdruckmessung genannt?
Das erste hörbare Ton ist die Systole, der letzte hörbare Ton ist die Diastole.

Aufgabe 5.9

In der Praxis wird der Puls meist an der A. radialis getastet. Wo genau befindet sich diese Arterie? Beschreiben Sie bitte die Pulstaststelle in einem kleinen Text.
In der Praxis wird der Puls meist an der rechten oder linken Arteria radialis getastet. Man misst auf der Hohlhandseite des Handgelenks unterhalb des Daumens am Unterarm in einer kleinen Mulde vor den Sehnen des Unterarms.

Aufgabe 5.10

Was versteht man in der Medizin unter dem Begriff „Hypertonie“? Definieren Sie diesen.
Medizinisch beschreibt die arterielle Hypertonie einen dauerhaft erhöhten Blutdruck mit Werten über 140/90 mmHg (WHO, World-Health-Organisation).

Aufgabe 5.11

Beschreiben Sie die Symptome eines Herzinfarkts. Sind die Symptome bei Frauen und Männern gleich oder gibt es Unterschiede?

Bei Frauen und Männern unterscheiden sich die Symptome manchmal voneinander. Neben den typischen Symptomen äußern Frauen oftmals untypische Beschwerden, wie Schmerzen im Oberbauch und Rücken, Schweißausbrüche oder extreme Kurzatmigkeit und ungewöhnlich starke Müdigkeit. Das kann schnell mit einer weniger schwerwiegenden Erkrankung verwechselt werden.

Symptom	Frauen	Männer
Plötzliche heftige Schmerzen hinter dem Brustbein (retrosternal)	Selten	Ja
Ausstrahlend in die Arme, den Bauch, die Schulter, den Unterkiefer, zwischen die Schulterblätter	Selten	Ja
Rückenschmerzen	Ja	Selten
Oberbauchschmerzen	Ja	Selten
Angst, Unruhe	Ja	Ja
Blässe, fahl graue Gesichtsfarbe, kalter Schweiß	Ja	Ja
Atemnot/Kurzatmigkeit	Ja	Ja
Übelkeit / Erbrechen	Ja	Selten
Müdigkeit	Ja	Selten

Aufgabe 5.12

Nennen Sie die Ursachen eines Herzinfarktes und welche Gefahren hierbei drohen.

Ursache des Herzinfarkts ist eine akute Sauerstoffunterversorgung des Herzmuskels (Myokard) durch den Verschluss eines oder mehrerer Herzkranzgefäße. Dies ist häufig die Folge von Ablagerungen in den Gefäßen (Arteriosklerose) oder Gerinnselbildung (Thrombus). Dabei kommt es zum Absterben von Myokard in der betroffenen Region. Je länger diese Minderdurchblutung anhält, desto schwerer sind die Schäden, die am Myokard entstehen.

Aufgabe 5.13

Was versteht man unter einer Herzinsuffizienz?

Bei der Herzinsuffizienz handelt es sich um das Unvermögen des Herzens, das für den körperlichen Bedarf notwendige Blutvolumen zu befördern. Die Auswurfleistung, also die Menge Blut, die das Herz pro Minute befördern kann, ist herabgesetzt. Die Herzinsuffizienz entsteht als Folge bereits bestehender Herz-Kreislauf-Erkrankungen. Je nach Symptombefund wird die Herzinsuffizienz in Linksherz-, Rechtsherz- oder Globalinsuffizienz unterschieden. Je nachdem, über welchen Zeitraum die Symptome bestehen, unterscheidet man zwischen akuter oder chronischer Herzinsuffizienz.

Aufgabe 5.14

Stellen Sie die Ursachen und Symptome der Rechtsherzinsuffizienz und der Linksherzinsuffizienz in einer Tabelle gegenüber.

Linksherzinsuffizienz	Rechtsherzinsuffizienz
Häufige Ursachen	
• Arterielle Hypertonie • Klappenfehler • KHK • Herzrhythmusstörungen • Herzinfarkt	• Linksherzinsuffizienz • Klappenfehler • Lungenerkrankungen
Symptome	
• Körperliche Schwäche und schnelle Ermüdbarkeit • Atemnot, Zyanose • Rasselgeräusche in der Lunge, Husten • Einsatz der Atemhilfsmuskulatur • Lungenödem	• Gestaute, erweiterte Halsvenen • Ödeme an Unterschenkeln, Füßen • Gewichtszunahme • Leber- und Milzvergrößerungen, Aszites
Gemeinsame Symptome	
• Eingeschränkte Leistungsfähigkeit • Nächtliches Wasserlassen (Nykturie) • Pulserhöhung bei Belastung (Tachykardie) • Herzvergrößerung • Im Spätstadium niedriger Blutdruck	

Aufgabe 5.15

Was versteht man unter Extrasystolen?
Als Herzrhythmusstörungen (Arrhythmie) bezeichnet man die Störung des Herzschlages in Frequenz und Regelmäßigkeit. Sie werden durch Störung der Erregungsbildung und Erregungsleitung hervorgerufen. Das kann verschiedene Formen der Rhythmusstörung erzeugen:
Von **Extrasystolen** spricht man, wenn zum Grundrhythmus zusätzliche Herzschläge auftreten.

Aufgabe 5.16

Dem Schlaganfall gehen oftmals Warnsignale voraus, die es ermöglichen, einen drohenden Apoplex rechtzeitig zu erkennen. Welcher Vorbote ist Ihnen bekannt?
TIA
Die **t**ransitorische **i**schämische **A**ttacke (vorübergehende Durchblutungsstörung) des Gehirns mit neurologischen Ausfällen ist einer der häufigsten Vorboten und somit ein wichtiges Warnsignal in der Früherkennung eines Apoplexes. Die Betroffenen haben beispielsweise eine plötzlich einsetzende Sprach-, Sensibilitäts- oder Sehstörung oder auch eine Schwäche im Arm oder Bein. Die Symptome bilden sich jedoch innerhalb von 24 Stunden vollständig zurück (sie sind reversibel).

Aufgabe 5.17

Bei Herzerkrankungen werden verschiedene Medikamente verordnet. Eine Gruppe sind die sogenannten Diuretika. Wie wirken diese? Welche Indikationen und Nebenwirkungen sind Ihnen bekannt?
Diuretika wirken harntreibend und entziehen dem Körper Wasser. Das entlastet das Herz und senkt den Blutdruck.

- Indikationen:
  - Hypertonie und Herzinsuffizienz
- Bekannte Nebenwirkungen:
  - Durch den Wasserentzug verliert der Körper Salze, daher kann es zu Herzrhythmusstörungen kommen.

Kapitel 6: Umgang mit medizinischen Kompressionsstrümpfen (MKS)

Aufgabe 6.1

Kreuzen Sie an, wozu MKS hauptsächlich dienen.
☐ a) Seitliche Stabilisierung des Kniegelenkes
☑ b) Unterstützung des Rückflusses des Blutes zum Herzen
☐ c) Verhinderung des Rückflusses der Lymphflüssigkeit zum Herzen

Erklärung: MKS üben Druck auf die oberflächlich gelegenen Venen aus. Die Venenwände werden dadurch stärker in ihre physiologische Form gedrückt. Defekte Venenklappen werden funktionsfähiger, da sich die Spitzen der Klappen annähern. Das Blut in den tiefer gelegenen größeren Venen kann dadurch besser zum Herzen zurückfließen. Die Anwendung aufgrund von Defekten der Lymphgefäße ist seltener.

Aufgabe 6.2

Kreuzen Sie an, welche Gefäße über sogenannte Klappen verfügen.
☑ a) Venen
☐ b) Arterien
☑ c) Lymphgefäße

Erklärung: Arterien besitzen im Gegensatz zu Venen und Lymphgefäßen eine ausgeprägte Muskelschicht, mit deren Hilfe das Blut in den Körper transportiert werden kann. Da Venen und Lymphgefäßen diese Möglichkeit des aktiven Transportes von Blut und Lymphflüssigkeit nicht zur Verfügung steht, verfügen sie über sogenannte Klappen. Die Klappen sollen der Schwerkraft entgegenwirken und den Rückstrom von Blut und Lymphflüssigkeit in die peripheren Körperregionen verhindern. Sie dienen als eine Art Rückschlagventil.

Aufgabe 6.3

Nennen Sie drei Indikationen für die Anwendung von MKS.

- Krampfadern/Varizen/Varikose
- Thrombose
- Embolie
- Herzrhythmusstörungen
- Kompensierte Herzinsuffizienz
- Chronisch-venöse Insuffizienz
- Lymphödem, z.B. aufgrund einer Operation, Verletzung, Verbrennungen

Erklärung: Für Erklärungen der möglichen Lösungen lesen Sie bitte Kapitel 6.2 *Indikationen für MKS* im Lehrbuch.

Aufgabe 6.4

Kreuzen Sie die Anzeichen für eine venöse Thrombose an.
☑ a) Rötung des betroffenen Körperteils
☐ b) Blässe des betroffenen Körperteils
☑ c) Schmerz im betroffenen Körperteil
☑ d) Schwellung des betroffenen Körperteils
☐ e) Kälte des betroffenen Körperteils

Erklärung: Das Blut fließt durch die Arterien in den Körper und die Extremitäten. Da das Blut jedoch aufgrund der venösen Thrombose nicht ungehindert abfließen und zum Herzen zurückkehren kann, staut es sich vor dem Gefäßverschluss. Dies führt zu Schwellung, Schmerzen und Marmorierung oder auch Rötung. Die Temperatur des betroffenen Körperteils ist normal bis erhöht.

Aufgabe 6.5

Nennen Sie die drei Hauptfaktoren, welche die Entstehung einer Thrombose begünstigen. Fügen Sie jedem Hauptfaktor ein Beispiel für einen Risikofaktor hinzu.

Die Virchow-Trias:

1. Veränderte bzw. geschädigte Gefäßwände
2. Erhöhte Gerinnungsneigung des Blutes
3. Verlangsamte Blutflussgeschwindigkeit

Erklärung und Beispiel für einen Risikofaktor: An veränderten oder geschädigten **Gefäßwänden** können sich Blutbestandteile besser anheften als an intakten Gefäßwänden. Vergleichbar sind eine glatte, polierte Tischplatte (intakte Gefäßwand) und eine alte, benutze Tischplatte, die schon Riefen und Macken aufweist (defekte Gefäßwand). In den Unebenheiten der beschädigten Tischplatte wird sich Schmutz leichter ansammeln als auf der intakten Platte. Entstehen können diese Schäden an den Gefäßwänden durch Rauchen, ungesunde Ernährung, Verletzungen, Krampfadern etc.

Physiologisch dient unsere **Blutgerinnung** dazu, Wunden zu verschließen und so zu verhindern, dass wir verbluten. Blutgerinnung und Gerinnselauflösung befinden sich normalerweise in einem Gleichgewicht. Unser Blut gerinnt unter bestimmten Umständen jedoch schneller als es das üblicherweise tun soll. Hierzu gehören beispielsweise Flüssigkeitsmangel, Alter über 65 Jahre, Schwangerschaft, Medikamente („Pille"), große Operationen und Verbrennungen.

Eine verlangsamte **Blutflussgeschwindigkeit** führt dazu, dass das Blut träge wird. Es können sich wesentlich leichter feste Blutbestandteile an den Gefäßwänden und in den Winkeln der Venenklappen ansammeln als bei höherer Geschwindigkeit. Ursachen für einen verlangsamten Blutfluss können z. B. Herzinsuffizienz, Immobilität (partiell oder komplett), Bettruhe, stehende Berufe oder auch eine veränderte Zusammensetzung des Blutes oder ein großer Flüssigkeitsverlust sein.

Die Risikofaktoren für das Entstehen einer Thrombose können alle den Virchow-Trias zugeordnet werden.

Aufgabe 6.6

Kreuzen Sie an, welche der folgenden Lösungen eine Embolie beschreibt.

☐ a) Eine Thrombose im Herzen

☑ b) Ein Thrombus, der sich von der Gefäßwand gelöst und an einer anderen Stelle festgesetzt hat

☐ c) Eine Thrombose in der Lunge

Erklärung: Ein Thrombus, der sich von seiner „angestammten" Stelle im Gefäßsystem löst, mit dem Blutstrom durch den Körper treibt und sich an einer anderen Stelle im Gefäßsystem wieder festsetzt, wird Embolus genannt. Ein Embolus ist sozusagen ein Thrombus „auf Reisen".

Die Folge einer venösen Embolie ist zumeist eine Lungenembolie (Gefäßverschluss in der Lunge). Arterielle Embolien führen zumeist zu einem akuten Verschluss eines Herzkranzgefäßes (Herzinfarkt) oder eines Gefäßes im Gehirn (Schlaganfall). Auch Verschlüsse der Arterien im Körperkreislauf können entstehen. Ein Embolus kann jedoch auch aus Luft, Fett, Fremdkörpern, Bakterien oder Tumorzellen bestehen.

Eine Embolie ist immer potenziell lebensgefährlich, da das nachfolgende Gewebe nicht mehr mit ausreichend Sauerstoff versorgt wird und absterben kann.

Aufgabe 6.7

Machen Sie Kontraindikationen für das Anlegen von MKS kenntlich.

☑ a) Ablehnung durch Patienten
☑ b) Ungeklärte Wunden und Hautläsionen
☑ c) Periphere arterielle Verschlusskrankheit
☐ d) Chronisch-venöse Insuffizienz
☑ e) Zu große Strümpfe

Erklärung: Jeder Mensch darf entscheiden, ob er verordnete MKS trägt oder nicht. Pflegekräfte sind jedoch dazu verpflichtet, zu dokumentieren, wenn Patienten die MKS nicht tragen möchten. Außerdem muss eine Beratung erfolgen und dokumentiert werden. In der Beratung muss erläutert werden, welchen Zweck die MKS im individuellen Fall erfüllen sollen und welche Risiken dadurch entstehen, dass der betroffene Mensch die MKS nicht tragen möchte. Idealerweise wird die Beratung gegengezeichnet.
Neu aufgetretene Wunden oder bestehende Wunden, die sich stark verändert haben, erfordern eine sorgfältige Wunddiagnose durch Experten. Das Anlegen von MKS kann möglicherweise Schäden hervorrufen.
Bei der peripheren arteriellen Verschlusskrankheit (pAVK) sind die Arterienwände in den Extremitäten mit Ablagerungen übersät (Arteriosklerose). Dies führt dazu, dass nur noch eine geringe Menge Blut durch die Arterien fließen und das nachfolgende Gewebe mit Sauerstoff und Nährstoffen versorgen kann. Würden die oberflächlichen Gefäße nun mittels MKS komprimiert, würde umso weniger Blut zirkulieren können.
MKS müssen eng sitzen, um ihren Zweck erfüllen zu können. Sie werden vom Sanitätshaus angepasst und haben einen optimalen Sitz. Werden MKS zu groß für einen Menschen (oder der Mensch zu schmal für seine MKS), so müssen neue MKS angepasst werden. Zu große Strümpfe und Strumpfhosen erreichen unter Umständen keine wirksame Kompression der Gefäße mehr. Zudem bilden sich Falten, die einschnüren können, und durch den zu lockeren Sitz können die MKS zur Stolperfalle werden.

Aufgabe 6.8

Kreuzen Sie an, wann MKS ausgetauscht werden müssen.

☑ a) Wenn sie nicht mehr passen
☑ b) Nach 6 Monaten
☐ c) Nach 8 Monaten
☑ d) Wenn sie eine Laufmasche haben
☐ e) Wenn die Farbe nicht mehr gefällt
☐ f) Wenn man die Löcher nicht mehr selbst stopfen kann

Erklärung: Für die Erklärung *„Wenn sie nicht mehr passen"* bitte die Erklärungen zu Aufgabe 6.7 lesen.
Nach ca. 6 Monaten sind die elastischen Fasern in den MKS ausgeleiert und die gewünschte komprimierende Wirkung kann nicht mehr gewährleistet werden. Daher müssen MKS alle 6 Monate erneuert werden. Gleiches gilt für MKS, die Löcher oder Laufmaschen aufweisen. Diese bitte nicht selbst stopfen, sondern die MKS in den Sanitätsfachhandel geben. Einige MKS können von Fachleuten repariert werden, andere Exemplare müssen ausgetauscht werden. Informationen hierzu sind bei den Herstellern erhältlich.

Aufgabe 6.9

Machen Sie kenntlich, was für die Pflege von MKS gilt.

☐ a) Sie dürfen nicht in den Trockner.
☐ b) Sie dürfen nur per Hand gewaschen werden.
☑ c) Es gelten die Angaben des Herstellers.
☐ d) Sie müssen auf der Heizung getrocknet werden.

Erklärung: Bei der Pflege von MKS gelten immer die Angaben des Herstellers. Da es mittlerweile eine Vielzahl an unterschiedlichen MKS und Herstellern gibt, können kaum noch generelle Aussagen getroffen werden.

Aufgabe 6.10

Was müssen Sie vor dem Anziehen von MKS beachten? Nennen Sie drei Aspekte.

- Richtige MKS für den richtigen Patienten/die richtige Patientin
- Passende MKS (nicht ausgeleiert oder defekt)
- Richtiger Strumpf für die richtige Extremität
- MKS bei entstauten Venen anziehen (morgens vor dem Aufstehen oder nachdem der Patient/die Patientin die Beine ca. 30 Minuten hoch gelagert hat)
- Haut der Extremität ist trocken
- Cremes und Lotionen sollten in der Regel vor dem Anziehen von MKS nicht verwendet werden
- Absprechen des Ablaufes der Maßnahme mit dem Patienten/der Patientin
- Hygienevorschriften einhalten
- Materialien (MKS, Anziehhilfe) vorbereiten (lassen)
- Rückengerechte Position der Pflegekraft
- Sorgfältige Hautinspektion (Hautfarbe, Temperatur, Verfärbungen, Wunden)
- Pflegestandards der Einrichtung sind zu berücksichtigen

Erklärung: Lesen Sie hierzu das Kapitel 6.5 *An- und Ausziehen von Kompressionsstrümpfen* im Lehrbuch.

Aufgabe 6.11

Kennzeichnen Sie die falsche(n) Aussage(n). Lesen Sie aufmerksam!

☐ a) Beim Anziehen von MKS dürfen keine Ringe getragen werden
☑ b) Beim Anziehen von MKS darf eine Uhr getragen werden
☑ c) Nagellack darf getragen werden
☑ d) Beinstrümpfe passen immer an beide Beine

Erklärung: Beachten Sie die Aufgabenstellung. Gesucht sind die *falschen* Aussagen. Beim Anziehen von MKS müssen immer die Hygieneregeln eingehalten werden. Folglich muss jeglicher Schmuck vor Dienstbeginn abgelegt werden, Fingernägel müssen kurz, sauber und unlackiert sein. Künstliche Fingernägel sind nicht erlaubt. Dies verhindert zum einen Schäden an der Haut der Patienten sowie am Strumpf. Zum anderen wird so das Übertragen von Keimen verhindert, da eine gründliche Händedesinfektion möglich ist.
MKS werden immer individuell an eine Extremität angepasst. Es ist möglich, dass eine Person beispielsweise unterschiedliche Beinumfänge hat und daher zwei verschiedene Größen gewählt werden müssen.

Aufgabe 6.12

Nennen Sie vier Maßnahmen, die Sie zur Thromboseprophylaxe bei einem pflegebedürftigen Menschen anwenden können.
Jede Maßnahme, welche die Virchow-Trias positiv beeinflusst, ist denkbar. Lesen Sie hierzu auch die Erklärung zu Aufgabe 6.5. Folglich ist jede Art der Bewegung eine mögliche Maßnahme der Thromboseprophylaxe. Dies können beispielsweise Spaziergänge, Tanzen oder Gymnastik sein. Auch eine angemessene Flüssigkeitszufuhr spielt hier eine wichtige Rolle. Gesunde Ernährung führt zu weniger Ablagerungen an den Gefäßwänden und beugt Schäden vor. Zudem sollte das Gewicht im Normbereich liegen, um Bewegung zu fördern. Auch möglicherweise notwendige Schmerzmedikamente sollten bei der Bewegungsförderung berücksichtigt werden. Generell sollten Medikamente regelmäßig gemäß der ärztlichen Verordnung eingenommen werden, um beispielsweise Erkrankungen wie die Herzinsuffizienz wirksam zu therapieren.

Kapitel 7: Ernährung im Alter und Blutzuckermessung

Aufgabe 7.1

Welche physiologischen Veränderungen des Körpers treten im Alter ein?
Es kommt zu einer nachlassenden Versorgung der Zellen mit Sauerstoff. Die Zellen der Bauchspeicheldrüse produzieren weniger Hormone. Leber und Niere lassen in ihrer Funktion nach. Die Knochendichte und die Kraft der Muskulatur ändern sich, die Resorption von wichtigen Nährstoffen funktioniert nicht mehr so gut, die Verdauungstätigkeit lässt nach und der Energiebedarf sinkt.

Aufgabe 7.2

Welches sind die drei Nährstoffgruppen, die Menschen jeden Alters (besonders Pflegekräfte) in ausreichender Menge zu sich nehmen sollten?
- Kohlenhydrate
- Eiweiß
- Fette

Aufgabe 7.3

Beschriften Sie die Grafik.

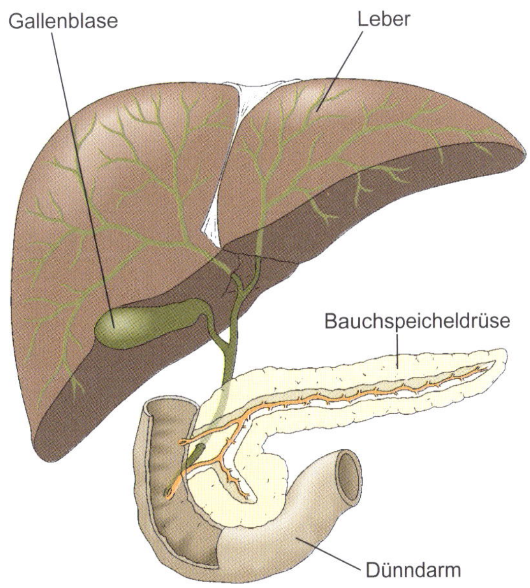

Aufgabe 7.4

In den Langerhans-Zellen des Pankreas gibt es verschiedene Zellarten; die beiden wichtigsten sind: die A- und B-Zellen. Welche Stoffe werden in ihnen gebildet? Und welche Funktion haben diese?
- **A-Zellen:** Glukagon → lässt den BZ ansteigen
  Ein niedriger Blutzucker (BZ) löst die Abgabe von Glukagon ins Blut aus. Glukagon regt die Leber an, die gespeicherte Glukose wieder dem Kreislauf zuzuführen, um den BZ anzuheben.
- **B-Zellen:** Insulin → senkt den Blutzuckerspiegel
  Es reguliert die Zuckerzufuhr aus dem Blut in das Innere der Zellen, wo er zur Energiegewinnung benötigt wird.

Aufgabe 7.5

Das Hormon Insulin funktioniert nach dem Schlüssel-Schloss-Prinzip. Was ist damit gemeint?
Insulin vermittelt den Transport von Glukose (Einfachzucker) aus dem Blut in das Innere der Zellen. Dort wird der Zucker zur Energiegewinnung benötigt. Insulin öffnet wie ein Schlüssel die Zellen, damit diese die Glukose aufnehmen können.

Aufgabe 7.6

Der Körper braucht Kohlenhydrate zur Energiegewinnung. Es gibt drei Arten, für die der Körper mehr oder weniger Zeit zur Verarbeitung braucht. Welche Arten sind gemeint? Geben Sie für jede Art ein Beispiel.

Einfachzucker/Monosaccharide	Traubenzucker, Fruchtzucker
Zweifachzucker/Disaccharide	Milch-, Malz- oder Haushaltszucker
Mehrfachzucker/Polysaccharide	Pflanzliche oder tierische Stärke

Aufgabe 7.7

Was versteht man unter dem Begriff „Nierenschwelle"? Erklären Sie diesen Begriff.
Ab einer bestimmten Konzentration von Glukose im Blut schaffen die Nieren es nicht mehr, die Glukose zurückzuhalten, und der Zucker geht in den Urin über. Daher kommt auch der Name der Erkrankung: honigsüßer Durchfluss. Im Normalfall findet sich keine Glukose im Urin. Die Grenze, bei der die Glukose in den Urin übergeht, nennt man Nierenschwelle. Die Konzentration des Blutzuckers weist dann einen Wert von 180 mg/dl auf.

Aufgabe 7.8

Welche Formen des Diabetes mellitus sind Ihnen bekannt?

Form	Ursache
Typ I-Diabetes	Zerstörung der B-Zellen des Pankreas mit daraus entstehendem absoluten Insulinmangel Meist autoimmunologisch (durch körpereigene Abwehr) ausgelöst
Typ II-Diabetes	Insulinresistenz: dadurch relativer Insulinmangel In der Folge nachlassende bis komplett versagende Insulinproduktion
Andere spezifische Formen	Entzündungen des Pankreas, genetische Defekte, Infektionen
Schwangerschaftsdiabetes	Erstmals während der Schwangerschaft auftretende Form

Aufgabe 7.9

Nennen Sie die normalen Blutzuckerwerte.

Nüchtern	$<$ 100 mg/dl entsprechend $<$ 5,5 mmol/l
2 Std. nach Nahrungsaufnahme	$<$ 140 mg/dl entsprechend $<$ 7,8 mmol/l

Aufgabe 7.10

Welche Insulinarten sind Ihnen bekannt? Nennen Sie bitte die Art und deren jeweilige Eigenschaft.
Die Insulinersatztherapie bei Diabetes Typ I und Typ II kennt zwei Arten von Insulin: die **Humaninsuline** und die **Insulinanaloga.** Abhängig vom Wirkstoff werden sie in **langwirksame** und **kurzwirksame** Insuline unterschieden. Eine Kombination der beiden Arten ist auch als **Mischinsulin** erhältlich, der Wirkeintritt und die Wirkdauer sind hier abhängig vom Mischungsverhältnis.

Aufgabe 7.11

Bei einer Hyperglykämie (Überzuckerung) kann der BZ Werte von > 200 mg/dl aufweisen. Was können Ursachen einer Hyperglykämie sein? Welche Symptome sind zu beobachten?
Ursache der Hyperglykämie ist eine fehlende oder unzureichende Insulinzufuhr. Dies passiert beispielsweise, wenn vergessen wurde, sich zu spritzen. Ebenso kann eine Ursache sein, dass ein Mensch seine oralen Antidiabetika nicht eingenommen und dabei normal oder zu viele Kohlenhydrate zugeführt hat.
Symptome: Durst, vermehrtes Trinken, vermehrte Urinausscheidung, Müdigkeit, Übelkeit, Erbrechen, Bauchschmerzen, Azeton-Geruch der Atemluft, schwindendes Bewusstsein bis hin zur Bewusstlosigkeit, Kußmaul-Atmung (langsame und vertiefte Atmung).

Aufgabe 7.12

Diabetes mellitus begünstigt abhängig von der Qualität der Stoffwechseleinstellung weitere Erkrankungen, die begleitend und als Folge des Diabetes auftreten können. Sie werden in zwei Bereiche unterteilt.
Wie werden diese Hauptbereiche bezeichnet? Geben Sie Beispiele für jeden Bereich.

- 1. Hauptbereich: Makroangiopathie, Beispiele:
  - Arterieller Verschluss der Hirngefäße (Schlaganfall)
  - Koronare Herzerkrankung (KHK)
  - Bluthochdruck (Hypertonie)
  - Periphere arterielle Verschlusskrankheit (pAVK)
- 2. Hauptbereich: Mikroangiopathie, Beispiele:
  - Diabetische Retinopathie
  - Diabetische Nephropathie
  - Diabetische Neuropathie
  - Diabetisches Fußsyndrom

Aufgabe 7.13

Wie lauten die Maßeinheiten, um die Glukosekonzentration im Blut darzustellen?
1. Milligramm pro 100 ml Blut (mg/dl) oder 2. Millimol pro Liter Blut (mmol/l).

Erklärung: Die internationale und offizielle Darstellung erfolgt in mmol/l, in vielen Ländern ist die Darstellung mit mg/dl üblich. In Deutschland ist ebenfalls die Angabe mg/dl verbreitet, jedoch hat noch keine nationale Einigung stattgefunden. Eine Einheit sollte konsequent verwendet werden. Die Entscheidung, welche Einheit verwendet werden sollte, wird vor Inbetriebnahme des Gerätes festgelegt.

Aufgabe 7.14

Welche Antwortkombination zur Umrechnung der Konzentrationen ist richtig?
1. 1 mmol/l ≙ 18 mg/dl; 2. 1 mg/dl ≙ 0,055 mmol/l; 3. 1 mmol/l ≙ 15 mg/dl; 4. 1 mg/dl ≙ 0,018 mmol/l; 5. 1 mmol/l ≙ 0,15 mg/dl

☐ a) Antworten 1, 3 und 5 sind richtig.
☐ b) Antworten 2, 3 und 4 sind richtig.
☐ c) Antworten 2, 4 und 5 sind richtig.
☑ d) Antworten 1 und 2 sind richtig.

Erklärung: siehe Aufgabe 7.13

Aufgabe 7.15

Nennen Sie drei Fehlerquellen, die das Messergebnis einer Blutzuckerkontrolle verändern können.

- Fehlerhafte Codierung des Blutzuckermessgerätes
- Der zu Pflegende hat noch Rückstände von Desinfektionsmittel an der Entnahmestelle.
- Der zu Pflegende hat noch Rückstände von Lebensmitteln an der Entnahmestelle.

Erklärung: Einige Geräte müssen bei der Inbetriebnahme passend zum verwendeten Teststreifen codiert werden. Stimmen die Codes nicht überein, kommt es zu differenten Messwerten. Reste von Desinfektionsmitteln (nicht vollständig verflogener Alkohol) können die Messergebnisse beeinflussen. Ebenso können an der Entnahmestelle haftende Rückstände von Lebensmitteln, wie Süßigkeiten, Obst oder Getränken, das Messergebnis stark verfälschen.

Aufgabe 7.16

Kreuzen Sie die richtigen Antworten zur Durchführung der Blutzuckerkontrolle (BZK) an.
☑ a) An der Entnahmestelle sollte kurz vor der Entnahme die Durchblutung angeregt werden.
☐ b) Der Blutstropfen zur Messung muss unter Herausquetschen oder Pressen gewonnen werden.

Erklärung: An der Entnahmestelle sollte kurz vor der Entnahme die Durchblutung angeregt werden, um die Gewinnung eines Bluttropfens zu erleichtern und einen ausreichend großen Tropfen zu gewinnen. Die Durchblutung kann durch Massage oder durch die Verwendung von warmem Wasser zur Händewaschung angeregt werden. Auch können zu Pflegende bei der Entnahme am Finger die Arme locker schütteln oder die Arme herunterhängen lassen, sodass die Schwerkraft für mehr Durchblutung sorgen kann. Lanzetten werden nach einmaliger Benutzung verworfen, so können die Schmerzen der BZK zusätzlich so gering wie möglich gehalten werden.

Aufgabe 7.17

Welche Materialien müssen Sie zur Durchführung einer Blutzuckerkontrolle richten?
- Tablett
- Schutzhandschuhe
- Desinfektionsmittel (Händedesinfektion der Pflegekraft)
- Tupfer/Pflasterstreifen oder einen Wundschnellverband
- Abwurfbehälter/Kanülenabwurfbehälter
- Messgerät
- Teststreifen
- Lanzetten oder Stechhilfen

Die Materialien beziehen sich auf eine „herkömmliche" Blutzuckerkontrolle, wenn die Kontrolle mit einem Lesegerät an einem Sensor erfolgt, entfällt die obige Auflistung, da auch die Blutentnahme entfällt.

Aufgabe 7.18

Beschreiben Sie die Durchführung einer herkömmlichen Blutzuckerkontrolle.
- Benötigte Materialien griffbereit stellen
- Zu Pflegenden informieren
- Erfragen, ob die Hände gereinigt wurden (wenn nicht, Händewaschen erbitten oder Hilfestellung leisten)
- Geeignete Entnahmestelle auswählen (zu Pflegende wissen zumeist, welche Stellen sich am besten eignen)
- Pflegekraft desinfiziert sich die Hände
- Gerät zur Messung vorbereiten
- Gerät einschalten, manche Geräte schalten sich mit dem Einlegen des Teststreifens ein
- Code des Gerätes mit dem Code der Teststreifen abgleichen
- Bei stimmigem Code Teststreifen einlegen (bei differierendem Code diesen einstellen)
- Auf Rückmeldung der Testbereitschaft des Gerätes warten
- Handschuhe anziehen
- Mit Stechhilfe oder Lanzette in den Finger des zu Pflegenden einstechen
- Stechhilfe/Lanzette in den Kanülenabwurfbehälter entsorgen
- Teststreifen an den Blutstropfen führen, darauf achten, nicht die Haut des zu Pflegenden zu berühren
- Zu Pflegendem einen Tupfer reichen, damit dieser die Einstichstelle drücken kann, ggf. Hilfestellung leisten
- Ablesen des gemessenen Wertes am Gerät
- Information des zu Pflegenden über den gemessenen Wert
- Kontrolle der Einstichstelle auf Nachblutungen
- Bei Nachblutungen Versorgung des zu Pflegenden mit einem Wundschnellverband oder Tupfer mit Pflasterstreifen

Aufgabe 7.19

Aus welchem Grund können alternative Entnahmestellen zur Blutzuckermessung gewählt werden?
Wenn die üblichen Entnahmestellen, wie z. B. die Außenseiten der Finger oder das Ohrläppchen, durch die jahrelange Messung verhornt oder auch schmerzhaft sind, können nach Rücksprache mit dem behandelnden Arzt bzw. der behandelnden Ärztin alternative Entnahmestellen gewählt werden.

Aufgabe 7.20

Welcher Gegenstand, den Sie zur Durchführung einer Blutzuckerkontrolle richten, fehlt?
Lanzetten oder Stechhilfen
Erklärung: Vergleiche Aufgabe 7.17

Aufgabe 7.21

Welche Antwortkombination zur Dokumentation gemessener Blutzuckerwerte ist richtig?
1. Der Wert wird mit gewählter Messeinheit (mg/dl und mmol/l) eingetragen. 2. Uhrzeit und Handzeichen der durchführenden Pflegekraft werden einmal am Tag eingetragen. 3. Datum, Uhrzeit und Handzeichen der durchführenden Pflegekraft werden einmal am Tag eingetragen. 4. Die gemessenen Werte sind nur für das Pflegepersonal und werden keiner weiteren Person gezeigt. 5. Eintragungen von Blutzuckermesswerten sollten immer mit Bleistift erfolgen.

☐ a) Antworten 1, 3 und 5 sind richtig.
☐ b) Antworten 2, 3 und 4 sind richtig.
☐ c) Antworten 2, 4 und 5 sind richtig.
☐ d) Antworten 1, 4 und 5 sind richtig.
☑ e) Alle Antworten sind falsch.

Erklärung: Der Wert wird mit gewählter Messeinheit (mg/dl oder mmol/l), Uhrzeit, Datum und Handzeichen der durchführenden Pflegekraft im Diabetikertagebuch und/oder der hauseigenen Dokumentation zeitnah vermerkt. Wenn die Einstellung des Diabetes des zu Pflegenden mit Insulin erfolgt, ist auch die injizierte Dosis in Verbindung mit dem gemessenen BZ-Wert einzutragen. Aus der Dokumentation können so Zusammenhänge und Verläufe ersehen und abgeleitet werden. Die gemessenen Werte sollten dem behandelnden Arzt bzw. der Ärztin auf Wunsch oder in einem mit dem Arzt oder der Ärztin vereinbarten Zeitraum vorgelegt werden. Eintragungen werden mit einem dokumentenechten Stift vorgenommen.
Vergleiche Kapitel 1.3 im Lehrbuch.

Kapitel 8: Umgang mit einer perkutanen endoskopischen Gastrostomie (PEG)

Aufgabe 8.1

Nennen Sie bitte drei Indikationen, bei denen eine PEG verordnet wird.
Die Versorgung mit einer PEG erfolgt bei zu Pflegenden, bei denen eine ausreichende Nahrungsmittel- und Flüssigkeitsversorgung langfristig nicht gesichert ist.
Indikationen sind:
- Schluckstörungen
- Mangelernährung
- Wachkoma
- Erkrankungen des oberen Magen-Darm-Traktes
- Erkrankungen des Hals-Nasen-Ohren-Bereichs

Aufgabe 8.2

Nennen Sie drei Vorteile, die eine PEG gegenüber einer nasalen Ernährungssonde aufweist.
Es entsteht kein Fremdkörpergefühl im Nasen-Rachen-Bereich. Das Gesicht wird nicht durch Schläuche und Verbindungen eingeengt. Die Ernährung ist schonender für den Verdauungstrakt durch kontrollierte Nahrungszufuhr. Es besteht nicht die Gefahr eines nasalen Wundgeschwürs (Dekubitus) und es gibt keine störende Fixierung durch Pflaster auf der Nase.

Aufgabe 8.3

Nennen Sie mögliche Komplikationen, die bei liegender PEG auftreten können.
Zu den Komplikationen gehören: Infektion der Sondeneinstichstelle, Verrutschen der Sonde, Bauchfellentzündung, Blutung bei der Sondenmobilisation, Buried-Bumper-Syndrom (eingewachsene Halteplatte), Materialdefekt

Aufgabe 8.4

Welche Applikationsformen von Sondenkost sind Ihnen bekannt?
Zu den Applikationsformen zählen die Schwerkraftapplikation (kontinuierliche Gabe, Bolusgabe) und die Pumpenapplikation.

Aufgabe 8.5

Wie werden ungeöffnete und geöffnete Nahrungsbeutel gelagert?
In der Regel werden ungeöffnete Kostbeutel bei Zimmertemperatur und geöffnete Beutel (mit Datum und Uhrzeit vermerkt) im Kühlschrank gelagert und innerhalb von 24 Stunden verbraucht.

Aufgabe 8.6

Welche Materialien benötigen Sie zur Gabe von Medikamenten über die PEG?
- Einmalhandschuhe/Händedesinfektionsmittel
- 20 ml Luer-Spritze
- Zerkleinerer/Mörser
- Adapter für Luer-Spritzen oder Universal-Trichteradapter
- Stilles Wasser, Glas/Becher
- Medikament

Kapitel 9: Klistier

Aufgabe 9.1

Was passiert mit dem Nahrungsbrei, wenn er im Dickdarm angekommen ist?
Im Dickdarm werden dem Nahrungsbrei Wasser und Elektrolyte entzogen. Auf diese Weise wird der Stuhl eingedickt. Bakterien bauen die unverdaulichen Nahrungsbestandteile durch Gärungsprozesse ab. Als Endprodukt wird der Kot (Fäzes) ausgeschieden.

Aufgabe 9.2

Wie wirken Klistiere im Darm?
Klistiere wirken über unterschiedliche Mechanismen auf die Darmschleimhaut und Darmmuskulatur. Sie wirken mechanisch, thermisch und chemisch.

- **Mechanischer Reiz:** Bereits das Einführen eines Klistiers in den After des Patienten ist ein mechanischer Reiz. Der Druck und die Menge der einlaufenden Flüssigkeit dehnen die Darmschleimhaut und erregen die dort sitzenden dehnungsempfindlichen Zellen. Es kommt zu verstärkter Peristaltik (Eigenbewegung) des Dickdarms.
- **Thermischer Reiz:** Je kühler die Flüssigkeit ist, die appliziert wird, desto stärker ist der Reiz, der auf die Darmschleimhaut ausgeübt wird. Die Reduktion der Temperatur löst sehr starke Peristaltik (Hyperperistaltik) des Dickdarms aus, was zu schmerzhaften Krämpfen führen kann. Daher sollte kühle Flüssigkeit vermieden werden. Es empfiehlt sich, körperwarme Flüssigkeit zu verwenden.
- **Chemischer Reiz:** Die Zusätze der Flüssigkeit lösen eine verstärkte Sekretion von Schleim im Dickdarm aus oder regen die Ausschüttung von Wasser aus dem Gewebe in den Dickdarm an. Der Stuhl wird weicher und gleitfähiger. Durch die erhöhte Füllung des Rektums wird dann wieder die Schleimhaut gedehnt und somit das Absetzen des Stuhlgangs ausgelöst.

Aufgabe 9.3

Beschriften Sie die Grafik.

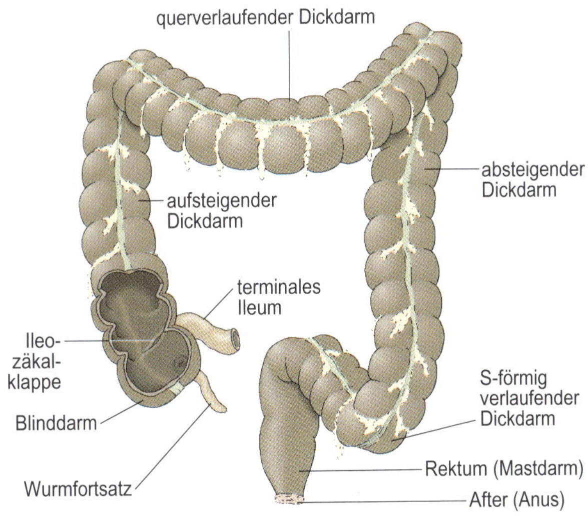

Aufgabe 9.4

Wie sollte die Person idealerweise zur Klistiergabe gelagert werden? Begründen Sie Ihre Antwort.
Die Person sollte idealerweise auf die linke Seite gelagert werden mit leicht angezogenen Knien.

Erklärung: In der Linksseitenlage liegt der Darm anatomisch vorteilhaft. Die Flüssigkeit kann so tiefer in den Enddarm eingespült werden.

Aufgabe 9.5

Welche Materialien benötigen Sie zur Klistiergabe? Bitte listen Sie alle benötigten Materialien auf.

- Händedesinfektionsmittel
- Körperwarmes Klistier
- Vaseline
- Einmalhandschuhe
- Schutzschürze
- Schutzbrille
- Ggfs. Mundschutz
- Einmalunterlage
- Ggfs. Inkontinenzvorlage
- Zellstoff
- Toilettenstuhl oder Steckbecken
- Abfallbehälter

Aufgabe 9.6

Welche Informationen müssen Sie nach der Klistiergabe dokumentieren?

- Durchgeführt mit Handzeichen
- Wirkstoff und Menge des Klistiers
- Datum und Uhrzeit
- Äußerungen des zu Pflegenden protokollieren
- Beurteilung des Stuhlgangs auf:
  - Menge
  - Konsistenz
  - Farbe
  - Geruch
  - Sonstige Auffälligkeiten (Beimengungen)

Kapitel 10: Versorgung eines suprapubischen Dauerkatheters (SPK)

Aufgabe 10.1

Nennen Sie die Vorteile des SPK gegenüber der Katheteranlage durch die Harnröhre.
Bei dieser Methode ist im Vergleich zur Katheteranlage durch die Harnröhre (transurethraler Katheter) das Risiko für Komplikationen geringer, wie beispielsweise mechanische Verletzungen oder Infektionen. Ein weiterer Vorteil ist, dass die Intimsphäre des zu Pflegenden nicht berührt wird und er weiterhin Blasen- und Kontinenztraining ausüben kann.

Aufgabe 10.2

Nennen Sie zwei Indikationen zur SPK-Anlage.
Zur Anwendung kommt dieser Katheter bei Blasenentleerungsstörungen und Harnabflussbehinderungen wie beispielsweise einer Harnröhrenverengung oder Harnröhrenverletzung.

Aufgabe 10.3

Nennen Sie vier Aufgaben der Nieren.
- Harnproduktion
- Harnausscheidung
- Ausscheidung von Harnstoff, Harnsäure, Kreatinin
- Ausscheidung giftiger Substanzen
- Regulierung des Wasserhaushalts
- Hormonproduktion
- Stoffwechselfunktion
- Vitamin-D-Synthese

Aufgabe 10.4

Ordnen Sie entsprechend ihrer Zugehörigkeit zu.
- 1. a, d (obere Harnwege: Harnleiter, Nierenbecken)
- 2. b, c (untere Harnwege: Blase, Harnröhre)

Aufgabe 10.5

Beschriften Sie die Grafik.

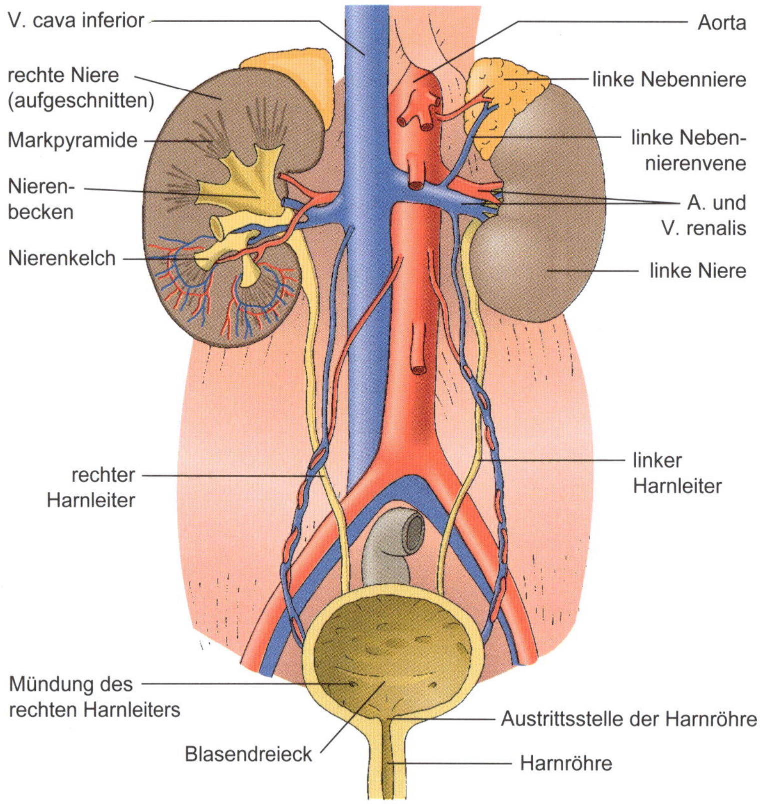

Aufgabe 10.6

Welche Fehlerquellen sind Ihnen beim Verbandwechsel eines SPK bekannt?
Beim Verbandswechsel können folgende Fehlerquellen ausgemacht werden:
- Nicht ausreichende Wundinspektion
- Falsches Desinfektionsmittel (Arbeitsfläche, Haut, PEG-Schlauch)
- Abknicken des Katheters beim Fixieren des Pflasters
- Unhygienisches Arbeiten

Aufgabe 10.7

Erklären Sie, warum der Urinbeutel nicht über Blasenniveau gehängt werden darf.
Der Urinbeutel sollte unter das Blasenniveau gehängt werden, da so der Urin aufgrund der Schwerkraft störungsfrei ablaufen kann.

Aufgabe 10.8

Begründen Sie, warum die Trinkmenge für die Behandlung des Harnweginfekts von Bedeutung ist.
Therapieziel ist das Ausscheiden der Keime über den Urin. Durch eine ausreichende Trinkmenge werden die Harnwege gespült und die Keime ausgeschieden. Dem Harndrang soll immer nachgegeben werden, um ein Aufsteigen der Keime zu verhindern. Sollte der zu Pflegende nur sehr wenig oder gar kein Wasser mehr lassen können (Anurie), ist sofort der Arzt zu informieren, da ein Nierenversagen droht.

Kapitel 11: Flüssigkeitsbilanzierung

Aufgabe 11.1

Berechnen Sie den ungefähren täglichen Flüssigkeitsbedarf einer Person, die sich bei „normaler" Umgebungstemperatur aufhält und keine speziellen Erkrankungen oder Wunden hat. Diese Person hat ein Soll-Körpergewicht von 80 kg bei einer Größe von 1,85 m. Legen Sie für die Berechnung die in der *Grundsatzstellungnahme Ernährung und Flüssigkeitsversorgung älterer Menschen* des Medizinischen Dienstes empfohlene Formel zugrunde. Diese finden Sie auch im Lehrbuch.
Ca. 2400 ml

Erklärung: Der tägliche Flüssigkeitsbedarf eines Menschen berechnet sich laut der *Grundsatzstellungnahme Ernährung und Flüssigkeitsversorgung älterer Menschen* wie folgt:

30 ml pro Kilogramm Soll-Körpergewicht
Bei einem Soll-Körpergewicht von 80 kg bedeutet das:
30 ml × 80 kg = 2400 ml

Hier ist das **Soll**-Körpergewicht maßgeblich! Erkrankungen, Allgemeinzustand etc. müssen immer berücksichtigt werden!

Aufgabe 11.2

Ordnen Sie die Buchstaben den Zahlen zu.

1. Ausgeglichene Bilanz	b. Einfuhr = Ausfuhr
2. Positive Bilanz	a. Einfuhr > Ausfuhr
3. Negative Bilanz	c. Einfuhr < Ausfuhr

Erklärung: Eine Bilanz gilt als ausgeglichen, wenn die Differenz zwischen Ein- und Ausfuhr nicht mehr als 200 ml beträgt. Dies hängt mit den Schätzwerten zusammen, die bei einer Bilanzierung berücksichtigt werden müssen.

Aufgabe 11.3

Wie viele ml Flüssigkeitsverlust müssen pro 1 °C Erhöhung der Körpertemperatur bei der Bilanzierung berücksichtigt werden?
☐ a) 300 ml
☐ b) 400 ml
☑ c) 500 ml
☐ d) 600 ml

Erklärung: Hat ein Mensch eine erhöhte Temperatur, versucht der Körper, diese in den Normbereich zu regulieren. Es treten also Mechanismen in Aktion, die eine Kühlung bewirken sollen. Hierzu gehört beispielsweise das Schwitzen. Zudem arbeitet der Körper bei Fieber auf Hochtouren. Der Kreislauf ist angeregt, das Herz schlägt schneller und auch die Atemfrequenz ist erhöht. Diese Aktivitäten führen zu einem erhöhten Flüssigkeitsverlust.

Aufgabe 11.4

Ordnen Sie die Buchstaben den Zahlen zu.
- 1 a, b (Einfuhr: Oxidationswasser, Nahrung/Getränke)
- 2 c, d, e (Ausfuhr: Atmung/Haut, Schwitzen, Stuhlgang, Urin, Wundsekrete etc.)

Erklärung: Lesen Sie hierzu Kapitel 11.2 *Grundlagen einer Flüssigkeitsbilanzierung* im Lehrbuch.

Aufgabe 11.5

Nennen Sie vier Indikationen für die Durchführung einer Flüssigkeitsbilanzierung.
- Dehydratation
- Parenterale Ernährung
- Ernährung über Sonde
- Herzerkrankungen
- Nierenerkrankungen
- Medikamente
- Stoffwechselerkrankungen
- Ödeme
- Tumore
- Nach Operationen
- Bei Durchfall/Erbrechen
- Bei neuen Bewohnern etc.

Erklärung: Immer wenn nicht einzuschätzen ist, wie der Flüssigkeitshaushalt eines Menschen aussieht, kann eine Bilanzierung hierüber Aufschluss geben. Es gibt Erkrankungen, die zu einer vermehrten oder auch zu einer verminderten Ausscheidung von Flüssigkeit führen (z. B. Herzinsuffizienz). Um festzustellen, ob die zugeführte Flüssigkeit in angemessenem Maße ausgeschieden oder ob sie im Gewebe eingelagert wird, werden Ein- und Ausfuhr einander gegenübergestellt. Auch einige Medikamente führen zu einer vermehrten oder verminderten Ausfuhr, sodass die Wirksamkeit der Therapie überprüft werden kann (z. B. Diuretika). Ebenso kann durch die Bilanzierung festgestellt werden, ob ein Mensch entsprechend seiner Ausfuhr ausreichend Flüssigkeit zu sich nimmt.
Eine Dokumentation von nur einem Parameter, also Ein- oder Ausfuhr, ist sinnlos, da sie nicht den individuellen Flüssigkeitsbedarf berücksichtigen kann.
Merke: Im Sinne der Bilanzierung kann ein Wert erst bewertet werden, wenn eine Ausfuhr einer Einfuhrmenge gegenübergestellt werden kann.

Aufgabe 11.6

Nennen Sie vier Beobachtungen, an denen Sie eine mögliche Flüssigkeitsunterversorgung erkennen können.

- Vermehrter Durst/vermehrtes Trinken
- Vermindertes Durstgefühl
- Gewichtsverlust
- Obstipation
- Thrombose
- Embolie
- Abfallen des Blutdrucks
- Anstieg der Pulsfrequenz
- Schwäche
- Schwindel
- Trockene Schleimhäute
- Fehlender Speichelsee unter der Zunge
- Stehende Hautfalten
- Verminderte Harnmenge
- Stark konzentrierter Urin
- Verminderte Wahrnehmungs- und Reaktionsfähigkeit
- Kognitive Einbußen
- Verwirrtheitszustände
- Trägheit
- Desinteresse und Gleichgültigkeit
- Krampfanfälle
- Veränderungen der Blutwerte
- Fehlender Fußschweiß

Erklärung: Wasser ist für viele Vorgänge in unserem Körper unerlässlich. Dies beginnt mit dem Blut, das zu rund 90 % aus Wasser besteht und alle Zellen unseres Körpers mit Sauerstoff und Nährstoffen versorgt. Bei Flüssigkeitsmangel gerät unser Körper aus dem Gleichgewicht und viele Funktionen sind gestört. So kommt es zu verlangsamten Reaktionen, über Verwirrtheit bis zu Apathie. Blutdruck und Herzfrequenz verändern sich, Schwindel, Stürze etc. sind die Folge. Der Körper beschränkt seine Tätigkeiten auf ein Minimum, um die vorhandene Flüssigkeit für die wichtigsten Funktionen zu verwenden. Die Gefahr der Entstehung von Thrombosen und Embolien steigt an.

Aufgabe 11.7

Nennen Sie vier Aspekte, die Sie beim Anreichen von Getränken beachten sollten.

- Bewohner/Bewohnerin:
  - Aufrechte Sitzposition
  - Kann das Getränk sehen und erkennen
  - Möglichst selbstständige Aufnahme des Getränkes (so viel Unterstützung wie nötig und so wenig wie möglich)
- Pflegekraft:
  - Befindet sich auf Augenhöhe
  - Ruhe ausstrahlen
  - Dem Menschen die Zeit widmen, die er benötigt
  - Augenkontakt herstellen
  - Das Getränk frontal anreichen
  - Rituale/Vorlieben/Abneigungen bezüglich der Nahrungs- und Getränkeaufnahme berücksichtigen
  - Einen Becher aus leichtem Material oder einen Trinkhalm anbieten
  - Getränke zu den Speisen anbieten
  - Angemessene Sprache und Wortwahl

Kapitel 12: Richten und Verabreichen von Injektionen

Aufgabe 12.1

Wie viele ml kann das Volumen einer Injektion betragen? Markieren Sie alle richtigen Angaben.
☑ a) 0,1 ml
☑ b) 0,6 ml
☑ c) 3 ml
☑ d) 10 ml
☑ e) 20 ml

Erklärung: Eine Injektion umfasst ein Volumen von 0,1 bis 20 ml.

Aufgabe 12.2

Wie lange kann eine Injektion dauern? Markieren Sie die richtigen Angaben.
☑ a) Sekunden
☑ b) Minuten

Erklärung: Eine Injektion dauert Sekunden bis hin zu wenigen Minuten.

Aufgabe 12.3

Welche Injektionen dürfen Pflegehelfer mit der Qualifizierung in der Behandlungspflege durchführen?
☐ a) i. v.
☐ b) i. m.
☑ c) s. c.
☐ d) i. a.

Erklärung: Pflegehilfskräfte dürfen nach erfolgreicher Absolvierung einer Qualifizierung in der Behandlungspflege subkutane Injektionen verabreichen. Alle anderen Injektionen werden von Pflegefachkräften oder Ärzten durchgeführt, da diese Injektionen komplexe Vorgänge darstellen und Fachwissen notwendig ist, um den zu Pflegenden keinen Schaden zuzufügen.

Aufgabe 12.4

Welche Verantwortung trägt eine Pflegekraft bei jeder Injektion?
Durchführungsverantwortung

Erklärung: Pflegekräfte sind immer verantwortlich für ihr Handeln. Sie tragen die Verantwortung dafür, eine Maßnahme sachlich und fachlich korrekt durchzuführen und zu dokumentieren. Im Schadensfall kann die einzelne Pflegekraft für ihre Fehler haftbar gemacht werden. Deshalb muss die Durchführung einer Maßnahme immer dann abgelehnt werden, wenn die Pflegekraft diese fachlich oder persönlich nicht verantwortlich durchführen kann.
Für Informationen zum Thema Durchführungsverantwortung lesen Sie die Kapitel 1.2 *Weitere Verantwortungen* und 12.1 *Rechtliche Aspekte* im Lehrbuch.

Aufgabe 12.5

Nennen Sie die Injektionsorte der ersten Wahl.
Unterbauch
Außenseiten der Oberschenkel
Gesäß

Erklärung: Für die subkutane Injektion gibt es Injektionsorte erster und zweiter Wahl. Die Injektion wird in Körperbereiche mit ausgeprägtem Unterhautfettgewebe verabreicht. Die Resorptionszeiten sind je nach Körperstelle und der Versorgung durch Kapillargefäße unterschiedlich. Mittels der Kapillargefäße wird die Injektionslösung dem Körper zur Verfügung gestellt und nach und nach über den Blutkreislauf verteilt. Auch die jeweilige Resorptionszeit hat Einfluss auf die Auswahl der Injektionsstelle.

- Unterbauch: kurze Resorptionszeit, daher empfohlener Injektionsort für schnell wirksame Insuline, z. B. morgens
- Außenseiten der Oberschenkel, Gesäß: langsamste Resorption, daher empfohlener Injektionsort für Mischinsuline und lang wirksame Verzögerungsinsuline am Abend

Injektionsorte der ersten Wahl sind immer vorzuziehen.

Aufgabe 12.6

Nennen Sie die Injektionsorte der zweiten Wahl.
Außenseiten der Oberarme
Oberhalb und unterhalb der Schulterblätter
Oberbauch
Flankenbereich

Erklärung: siehe Erklärung 12.5
Stehen die Injektionsorte der ersten Wahl nicht zur Verfügung, so kann auf Injektionsorte der zweiten Wahl ausgewichen werden.

- Außenseiten der Oberarme: mittlere Resorptionszeit, Gefahr der intramuskulären Injektion, Fremdhilfe bei Selbstinjektion empfohlen
- Oberhalb und unterhalb der Schulterblätter, keine Selbstinjektion

Aufgabe 12.7

Erklären Sie das Rotationsprinzip!
Beim Rotationsprinzip wird rotierend immer an einer anderen Stelle subkutan injiziert.

Erklärung: Um die Gefahr der Schädigung des Subkutangewebes zu reduzieren, ist es von Vorteil, den Injektionsort bei jeder Injektion nach dem Rotationsprinzip zu wechseln. Die stete Einhaltung eines systematischen Rotationsplanes mit genauer Dokumentation der Injektionsstelle kann Schädigungen des Gewebes vorbeugen und die Patienten so vor unnötigen Folgen schützen.

Aufgabe 12.8

Was müssen Sie bei wiederholten Injektionen bei der Auswahl der Injektionsorte beachten?

- Injektionsorte der 1. Wahl bevorzugen
- Vorlieben des Patienten/der Patientin berücksichtigen
- Genau dokumentieren, wann wo injiziert wurde
- Injektionsort bei jeder Injektion wechseln
- Orte von zwei aufeinander folgenden Injektionen sollten 2–3 cm voneinander entfernt liegen
- Rotationsprinzip anwenden und dokumentieren

Erklärung: Lesen Sie hierzu das Kapitel 12.2 *Wichtige Injektionsarten und -orte* im Lehrbuch.

Aufgabe 12.9

Nennen Sie drei Vorteile von Injektionen gegenüber anderen Verabreichungsformen von Arzneimitteln.

- Schneller Wirkungseintritt
- Parenterale Verabreichung verhindert den Ab- und Umbau des Arzneimittels im Verdauungstrakt
- Durch die Umgehung des Magen-Darm-Traktes werden bei oraler Gabe häufig auftretende lokale Beschwerden und Reizungen vermieden
- Lokale Wirkung
- Exakte Dosierbarkeit
- Steuerung des Wirkeintritts und der Wirkdauer
- Die Injektion kann unabhängig von den Fähigkeiten des Patienten durchgeführt werden

Erklärung: Vergleichen Sie hierzu die Erklärungen in Kapitel 12.3 *Vor- und Nachteile von Injektionen* des Lehrbuches.

Aufgabe 12.10

Nennen Sie drei Nachteile von Injektionen gegenüber anderen Verabreichungsformen von Arzneimitteln.

- Eingriff in die körperliche Unversehrtheit des Patienten
- Eine Injektion kann nicht rückgängig gemacht werden
- Infektionsgefahr der Einstichstelle
- Unverträglichkeitsreaktionen treten bei parenteraler Gabe eines Arzneimittels wesentlich ausgeprägter auf
- Unverträglichkeitsreaktionen treten viel schneller ein
- Unverträglichkeitsreaktionen haben häufig keine Vorboten

Erklärung: Vergleichen Sie hierzu die Erklärungen in Kapitel 12.3 *Vor- und Nachteile von Injektionen* des Lehrbuches.

Aufgabe 12.11

Nennen Sie vier Kontraindikationen für das Verabreichen einer Injektion.

- Bekannte Allergien und Unverträglichkeiten gegenüber dem Medikament
- Ablehnung der Injektion durch Patienten
- Mangelndes Wissen und Können der Pflegekraft
- Ggf. Einnahme von gerinnungshemmenden Medikamenten
- Ödeme/Narben/Wunden im Injektionsgebiet
- Schockzustand
- Schlecht durchblutete Körperregionen
- Oberflächlich verlaufende Gefäße wie Besenreiser und Varizen
- Operationsgebiete
- Infizierte Körperregionen

Erklärung: In Abhängigkeit von der festgestellten Kontraindikation für die Verabreichung einer Injektion wählen Sie ggf. eine andere geeignete Körperstelle zur Injektion aus bzw. leiten entsprechende Maßnahmen ein. Halten Sie Rücksprache mit der Pflegefachkraft oder dem Arzt/der Ärztin, wenn Sie unsicher sind oder einen Notfall vermuten (Notrufnummer: 112).
Vergleichen Sie hierzu die Erklärungen in Kapitel 12.3 *Vor- und Nachteile von Injektionen* des Lehrbuches.

Aufgabe 12.12

Welche Art von Ampullen finden Sie zumeist in Insulin-Pens?
Zylinderampullen

Aufgabe 12.13

Wie lange nach der Verabreichung tritt die Wirkung einer subkutanen Injektion in etwa ein?
20–30 Minuten

Erklärung: Durch die langsameren Stoffwechselvorgänge im Subkutangewebe (beispielsweise im Vergleich zu Muskelgewebe), dauert es etwa 20 bis 30 Minuten, bis das Arzneimittel in den Kreislauf aufgenommen und wirksam werden kann. Diese zeitliche Verzögerung, mit der der Wirkstoff in den Körper gelangt, kann therapeutisch eingesetzt werden.

Aufgabe 12.14

Zählen Sie drei Aspekte auf, die eine Fehlerquelle bei der Verabreichung einer Injektion darstellen können.
- Zögerliches Einstechen der Kanüle
- Zu schnelles Injizieren
- Injektion von Luft
- Falsche Kanüle/Einspritzwinkel für den Ernährungszustand
- Durchstechen von Gefäßwänden
- Fehlerhafte Hautdesinfektion
- Unsauberes Material
- Unhygienisches Arbeiten

Erklärung: Stellen Sie einen Fehler bei der Verabreichung einer Injektion fest oder treten Komplikationen auf, so halten Sie Rücksprache mit der Pflegefachkraft bzw. dem ärztlichen Dienst; wenn Sie einen Notfall vermuten: Notrufnummer 112. Vergleichen Sie hierzu die Erklärungen in Kapitel 12.7 *Folgen von falsch durchgeführten Injektionen/Fehlerquellen* des Lehrbuches.

Aufgabe 12.15

Zählen Sie auf, welche Maßnahmen Sie bei einer Nadelstichverletzung einleiten müssen.
- Sorgfältige Desinfektion der verletzten Körperstelle
- Eintrag in das Verbandbuch
- Zeitnahe Blutuntersuchung der Pflegekraft (wenn möglich auch des Patienten/der Patientin – Zustimmung erforderlich)

Erklärung: Um im Schadensfall Ansprüche gegenüber der Berufsgenossenschaft stellen zu können, ist es wichtig, dass nachgewiesen werden kann, dass der Schaden aufgrund der Nadelstichverletzung entstanden ist. Bei Arbeitsunfällen geschieht dies anhand der Eintragung in das Verbandbuch (Datum). Bei Nadelstichverletzungen wird zudem durch die umgehende Blutuntersuchung nachgewiesen, dass die verletzte Pflegekraft zum Zeitpunkt der Verletzung noch nicht infiziert war. Um eine Infektion nachzuweisen bzw. auszuschließen, sind später weitere Blutuntersuchungen notwendig.

Aufgabe 12.16

Erklären Sie, was Sie bezüglich der Auswahl der Injektionskanüle bei kachektischen (abgemagerten) Personen beachten müssen.
Entsprechend kurze Kanüle auswählen, um in das Subkutangewebe zu injizieren, ggf. Hautfalte zur Injektion bilden

Erklärung: Bei kachektischen Personen liegt das Subkutangewebe relativ dicht unter der Hautoberfläche und besitzt nur eine geringe Dicke. Daher besteht eine erhöhte Gefahr, versehentlich ins Muskelgewebe zu injizieren. Um dies zu verhindern, sollte eine kurze Kanüle ausgewählt und zusätzlich für die Injektion ggf. eine Hautfalte angehoben werden. Auch kann es notwendig sein, einen Einstichwinkel von 45° zu wählen. Lesen Sie hierzu Kap. 12.6 im Lehrbuch.

Aufgabe 12.17

Übersetzen Sie den Begriff „Recapping" und nennen Sie den (Haupt-)Grund, weshalb dies verboten ist.
Recapping = Wiederaufsetzen der Schutzkappe auf eine benutzte Kanüle
Recapping ist verboten, da es eine hohe Verletzungs- und insbesondere Infektionsgefahr birgt.

Erklärung: Die Kanüle kann Haut und andere Gewebe verletzen und zu dauerhaften Schäden führen. Auch ist die Übertragung von Krankheitserregern oder das Einbringen von Medikamenten in den Körper eine komplikationsreiche Folge.

Aufgabe 12.18

Zählen Sie auf, was Sie nach dem Verabreichen einer Injektion dokumentieren müssen.
- Datum
- Uhrzeit
- Arzneimittel und Dosierung
- Menge
- Injektionsort und Injektionsart (subkutan)
- Dokumentation von Besonderheiten im Pflegebericht
- Handzeichen der verabreichenden Pflegekraft

Kapitel 13: Versorgung von bis zu zwei Dekubiti bis Kategorie II

Aufgabe 13.1

Erklären Sie in eigenen einfachen Worten den Begriff „Dekubitus".
Druckgeschwür = „sich wund liegen"
Bei dieser Aufgabe ist nicht das Auswendiglernen einer Definition gefragt. Ihr Lernerfolg besteht darin, in Ihren eigenen Worten den Fachbegriff erklären zu können.
Die NPUAP/EPUAP/PPPIA haben Dekubitus 2014 wie folgt definiert: „Ein Dekubitus ist eine lokal begrenzte Schädigung der Haut und/oder des darunter liegenden Gewebes, typischerweise über knöchernen Vorsprüngen, infolge von Druck oder von Druck in Verbindung mit Scherkräften. Es gibt eine Reihe weiterer Faktoren, welche tatsächlich oder mutmaßlich mit Dekubitus assoziiert sind; deren Bedeutung aber noch zu klären ist."

Aufgabe 13.2

Nennen Sie die Hauptursache für die Entstehung eines Dekubitus.
☐ a) Mobilität
☑ b) Immobilität
☐ c) Mobiliar
☐ d) Immobiliar

Erklärung: Durch Immobilität, also verminderte Bewegungsfähigkeit, ist ein Mensch nicht in Lage, dem Druck, der beim längeren Verweilen in der gleichen Position entsteht, durch Positionsveränderungen auszuweichen. Der gesunde Mensch mit unverminderter Bewegungsfähigkeit verteilt diesen über einen gewissen Zeitraum entstehenden Druck durch kleinste Bewegungen um, sodass immer wieder andere Gewebsareale belastet werden und die Durchblutung unvermindert stattfinden kann.
Ist ein Mensch immobil, so liegen einige Körperregionen über einen längeren Zeitraum hinweg auf der Unterlage auf. Dadurch wird die Versorgung des Gewebes verringert oder unterbunden. Jedes Gewebe, das nicht ausreichend durchblutet wird, wird nicht mit genügend Sauerstoff und Nährstoffen versorgt und Abbauprodukte sammeln sich an.

Aufgabe 13.3

Zählen Sie sechs Risikofaktoren auf, welche die Entstehung eines Dekubitus begünstigen.
- Hohes Alter
- Flüssigkeitsmangel
- Stress
- Fieber
- Feuchtigkeit
- Unausgewogene, nicht an den Bedarf angepasste Ernährung
- Über- und Untergewicht
- Venöse und/oder arterielle Durchblutungsstörungen der Haut
- Vermindertes oder fehlendes Schmerzempfinden
- Abwehrschwäche
- Reduzierter Allgemeinzustand
- Immobilität
- Eingeschränkte Bereitschaft oder Fähigkeit zur Mitarbeit
- Depression
- Erkrankungen wie Herz- und Lungenerkrankungen, Nierenerkrankungen, Anämie, Stoffwechselerkrankungen etc.
- Medikamente
- Beengende Kleidung oder auch Inkontinenzmaterialien
- Brillen
- Katheter
- Sonden

Erklärung: Das Vorhandensein der aufgeführten Risikofaktoren erhöht die Anfälligkeit einer Person, einen Dekubitus zu erleiden. Es sollte daher versucht werden, diese Risikofaktoren für die Entstehung eines Dekubitus weitgehend auszuschalten oder zu reduzieren. Jedoch muss im individuellen Fall abgewogen werden, welche Maßnahmen der Risikominimierung sinnvoll sind.

Aufgabe 13.4

Nennen Sie sechs Maßnahmen zur Dekubitusprophylaxe.

- Risikoeinschätzung/Identifizierung der Risikofaktoren
- Hautinspektion
- Information/Beratung der betroffenen Person und ihrer Angehörigen
- Minimierung der Risikofaktoren
- Aktivierende Pflege – Bewegungsförderung
- Eigenbeweglichkeit erhalten und fördern
- Aktive/passive/assistive Bewegungsübungen
- Soziale Integration
- Motivationsförderung
- Förderung einer positiven Stimmung
- Druckentlastung der gefährdeten Körperstellen
- Druckverteilung/Vergrößerung der Auflagefläche
- Positionsveränderungen in individuellen Zeitabständen – Mikropositionierung – Vermeidung von Scherkräften
- Haut- und gewebeschonende Transfer- und Positionierungstechniken (z. B. Kinästhetik)
- Vermeidung von Reibung (Kleidung, Krümel im Bett, etc.)
- Nutzung von Hilfsmitteln
- Hautschutz
- Gut sitzende Kleidung und Inkontinenzmaterialien
- Saubere und faltenfreie Wäsche
- Individuell ausgewählte Hautpflegeprodukte
- Angemessene Hautpflege (nicht übertrieben)
- Regelmäßiger Wechsel der Inkontinenzmaterialien
- Gesunde und ausgewogene Ernährung
- Angemessene Flüssigkeitszufuhr

Erklärung: Alle Maßnahmen, denen die betroffene Person zustimmt, welche die Beweglichkeit und den Allgemeinzustand fördern, sind sinnvoll. Zudem kann nach Identifikation der Risikofaktoren an diesen angesetzt werden, um das Gesamtrisiko zu vermindern. Durch Biografiearbeit und Kreativität können gemeinsam individuelle Maßnahmen zur Prophylaxe gefunden werden. Vergleichen Sie hierzu Kapitel 13.3 *Dekubitusprophylaxe* im Lehrbuch.

Aufgabe 13.5

Kreuzen Sie denkbare Maßnahmen zur Dekubitusprophylaxe an.

☑ a) Basteln
☑ b) Singen
☑ c) Gesicht waschen
☑ d) Backen
☑ e) Haustiere
☑ f) Malen
☑ g) Blumen gießen
☑ h) Kaffeeklatsch
☑ i) Oktoberfest feiern
☑ j) Socken anziehen
☑ k) Stricken
☑ l) Reparaturarbeiten

Erklärung: Alle Maßnahmen, denen die betroffene Person zustimmt, welche die Beweglichkeit und den Allgemeinzustand fördern, sind sinnvoll. Durch Biografiearbeit und Kreativität können gemeinsam individuelle Maßnahmen zur Prophylaxe gefunden werden.

Vergleichen Sie hierzu die Erklärung zu Aufgabe 13.4.

Aufgabe 13.6

Nennen Sie vier weitere Prophylaxen, die Sie mit der Dekubitusprophylaxe verbinden können.

- Kontrakturprophylaxe
- Pneumonieprophylaxe
- Thromboseprophylaxe
- Soor- und Parotitisprophylaxe
- Dehydratationsprophylaxe
- Mangelernährungsprophylaxe
- Sturzprophylaxe
- Intertrigoprophylaxe
- Obstipationsprophylaxe
- Schmerzprophylaxe
- Pflegeprävention ...

Erklärung: Bewegung bringt den gesamten Körper in Schwung. Dies hat positive Auswirkungen auf Körper und Geist und trägt dazu bei, einen Menschen fit zu halten und Einschränkungen und Beschwerden zu reduzieren.

Aufgabe 13.7

In wie viele Kategorien wird ein Dekubitus laut NPUAP/EPUAP/PPPIA 2014 eingeteilt?
Hier sind folgende Antworten richtig: 4; 4 plus 2; 6

Erklärung:

- Kategorie/Stadium I: nicht wegdrückbares Erythem
- Kategorie/Stadium II: Teilverlust der Haut
- Kategorie/Stadium III: vollständiger Verlust der Haut
- Kategorie/Stadium IV: vollständiger Gewebeverlust

Hinzu kommen noch folgende Kategorien:

- Keiner Kategorie/keinem Stadium zuordenbar: Tiefe unbekannt
- Vermutete tiefe Gewebeschädigung: Tiefe unbekannt

Aufgabe 13.8

Was ist bei Menschen mit stark pigmentierter Haut zu beachten?
Bei stark pigmentierter Haut können die Veränderungen unter Umständen nur schwer zu erkennen sein.

Erklärung: Durch die dunklere Farbe der Haut ist es schwieriger, Farbveränderungen zu erkennen. Eine Rötung, Blässe oder Blauverfärbung der Haut wird durch die dunklere Hautfarbe verschleiert. Sie ist nicht so offensichtlich mit dem Auge zu erkennen wie bei hellerer Haut, die weniger pigmentiert ist. Der Vergleich mit Hautarealen, die nicht von einem Dekubitus betroffen sind, kann hier hilfreich sein. Durch den Vergleich können Veränderungen möglicherweise leichter erkannt werden.

Aufgabe 13.9

Nennen Sie vier allgemeine Maßnahmen zur Therapie eines Dekubitus.

- Druckentlastung
- Risikofaktoren beeinflussen
- Ernährung an Bedarf anpassen
- Wundversorgung nach ärztlicher Anordnung
- Schmerztherapie
- Psychische Betreuung

Erklärung: Vergleichen Sie hierzu Kapitel 13.5 *Allgemeine Therapie* im Lehrbuch.

Aufgabe 13.10

Kennzeichnen Sie die zutreffende Aussage.
Zur Therapie eines Dekubitus der Kategorie I gehört:
☐ a) Tägliches Eincremen mit parfümierter Lotion
☐ b) Proteinarme Ernährung
☐ c) Tägliches Eincremen mit Jodsalbe
☐ d) Druckbelastung der gefährdeten Stelle
☑ e) Sorgfältige Hautpflege
☐ f) Isolierung, um eine Infektion zu vermeiden

Erklärung: Bei einem Dekubitus Kategorie I stehen Druckentlastung und sorgfältige Hautpflege im Vordergrund. Es dürfen keine reizenden Substanzen wie parfümierte Cremes etc. verwendet werden. Eine Hautpflege mit Wasser-in-Öl-Lotionen, die nur vorsichtig auf die Haut aufgetragen werden, ist angezeigt. Die aufmerksame Beobachtung der Haut ist wichtig, um Veränderungen zu erkennen. Gefärbte Salben und Lösungen, wie Iod-Präparate, verändern die Hautfarbe, sodass sie nicht mehr eingeschätzt werden kann und pathologische Veränderungen nicht früh genug erkannt werden können. Auch gehört die Auswahl geeigneter Kleidung zum Hautschutz (atmungsaktiv, gut sitzend etc.).

Aufgabe 13.11

Entscheiden Sie: Ein Dekubitus Kategorie II mit der Bildung einer Hautblase muss eröffnet werden.
☐ a) stimmt
☑ b) stimmt nicht

Erklärung: Blasen sind eine Schutzreaktion des Körpers und müssen geschlossen bleiben. Sie dürfen nicht eröffnet werden. Geschlossene Dekubiti werden ohne Material versorgt. Das heißt, es wird lediglich sehr vorsichtig Hautpflege durchgeführt, damit die Blase intakt bleibt.

Aufgabe 13.12

Zählen Sie die Materialien auf, die Sie für einen aseptischen Verbandwechsel benötigen.
- Desinfektionsmittel
- Sterile Spüllösung
- Ggf. Spritze, sterile Kompressen
- Sterile Handschuhe/sterile Instrumente zum Einmalgebrauch
- Ggf. eine saugende Unterlage
- Wundverband
- Abwurfbehälter

Aufgabe 13.13

Nennen Sie die Wischrichtung bei der Reinigung einer aseptischen Wunde. Begründen Sie kurz.
Wischrichtung von der Wunde weg. Die Wunde soll keimfrei gehalten werden.

Erklärung: Eine aseptische Wunde ist frei von Krankheitserregern. Damit dies so bleibt und keine Keime von der Umgebungshaut in die Wunde gelangen können, wird von der Wunde weg gereinigt.

Aufgabe 13.14

Nennen Sie die Wischrichtung bei der Reinigung einer septischen Wunde. Begründen Sie kurz.
Wischrichtung zur Wunde hin. Die Wunde ist infiziert und die umliegende Haut soll vor einer Infektion geschützt werden.

Erklärung: Bei septischen Wunden besteht eine Infektion und die umgebende Haut soll hiervor geschützt werden. Folglich ist bei einer septischen Wunde die Wischrichtung zur Wunde hin. Das Ziel ist, die Ausbreitung der Krankheitserreger zu verhindern. Zur Wundreinigung gehören auch Maßnahmen zur Bekämpfung der Infektion der Wunde.

Kapitel 14: Durchführung dermatologischer Bäder

Aufgabe 14.1

Nennen Sie drei Aufgaben der Haut.
Die Haut trennt die Innenwelt von der Außenwelt, schützt den Körper vor schädlichen Umwelteinflüssen, Fremdstoffen und Krankheitserregern.
Sie liefert Sinneseindrücke wie Schmerz und Temperatur über Tastkörperchen und freie Nervenenden direkt an das Gehirn.
Die Haut greift regulierend in den Wasserhaushalt ein. Sie wirkt einerseits als natürliche Barriere einem extremen Wasserverlust entgegen, gibt aber andererseits über Drüsensekrete Wasser und Salze ab.

Aufgabe 14.2

Beschriften Sie die Grafik.

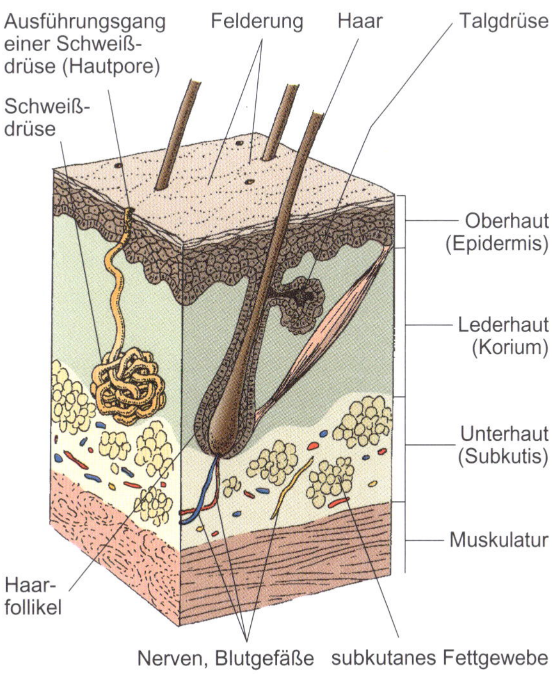

Aufgabe 14.3

Was ist ein Ekzem?
Das Ekzem: Sammelbegriff für verschiedene entzündliche in der Regel juckende Hauterkrankungen. Meist mit Flüssigkeit gefüllte Knötchen. Die Schleimhaut ist nicht befallen.

- Allergisches Kontaktekzem
- Neurodermitis

Aufgabe 14.4

Eine Entzündung ist eine Abwehrreaktion (Immunreaktion) des Körpers auf Zellschäden verschiedenster Ursache mit dem Ziel, die Schadensursache einzugrenzen.

Was sind die 5 klassische Anzeichen einer Entzündung?
Die Entzündung hat 5 klassische Anzeichen:
- Rötung
- Überwärmung
- Schwellung
- Schmerz
- Eingeschränkte Funktion

Aufgabe 14.5

Was ist Juckreiz und welche Ursachen kann Juckreiz haben?
Juckreiz ist eine unangenehme bis quälende Empfindung auf der Haut, die ein mehr oder weniger heftiges Kratzen provoziert. In erster Linie bedeutet Pruritus einen Juckreiz ohne sichtbare Hautveränderungen.
Ursachen:
- Hauterkrankungen oder deren Folge
- Symptom einer inneren Allgemeinerkrankung (Diabetes mellitus, Nierenleiden)
- Begleitsymptom von Flüssigkeits- oder Ernährungsmangel
- Nebenwirkung von Medikamenten

Aufgabe 14.6

Welche zusätzlichen Maßnahmen können ergriffen werden, um den Juckreiz eines Patienten/einer Patientin zu lindern? Mehrere Antworten sind möglich. Kreuzen Sie bitte die richtige Antwortkombination an.
1. Es sollte zusätzliche Hautreizung durch harte Kleidung vermieden werden. 2. Nur geeignete Waschpulver und Seifen verwenden. 3. Der Patient/die Patientin kann Entspannungstechniken einüben. 4. Personen, die sich im Schlaf kratzen, können Baumwollhandschuhe anziehen. 5. Langes Baden oder Duschen in warmem Wasser lindert den Juckreiz.

☐ a) Antworten 2 und 5 sind richtig.
☐ b) Antwort 4 ist richtig.
☐ c) Alle Antworten sind richtig.
☑ d) Antworten 1, 2, 3 und 4 sind richtig.
Auch die Raumtemperatur sollte, wenn möglich, kühl gehalten werden, da Wärme den Juckreiz verschlimmert.

Aufgabe 14.7

Bei welchen Beschwerden werden dermatologische Bäder angeordnet?
Zur Anwendung kommen dermatologische Bäder bei Hauterkrankungen, Muskel- und Gelenkbeschwerden. Aber auch ohne besondere Symptomlage ist ein Wannenbad oder Teilbad sehr wohltuend.

Kapitel 15: Medizinische Einreibungen

Aufgabe 15.1

Nennen Sie drei Beispiele für Lokaltherapeutika und benennen Sie jeweils eine Eigenschaft.

- Salben sind zur Pflege von trockener, schuppender Haut geeignet.
- Cremes ziehen besser in die Haut ein als Salben.
- Lotionen sind für die Behandlung großer Hautflächen oder zur Ganzkörpereinreibung geeignet.
- Gele ziehen durch den hohen Wasseranteil schnell in die Haut ein.

Weitere Beispiele und Erklärungen finden Sie im Kapitel 15.1 im Lehrbuch.

Aufgabe 15.2

Aus welchen Komponenten besteht ein auf die Haut aufzutragendes Lokaltherapeutikum?
Aus einem Grund- beziehungsweise Trägerstoff, welcher die Salbengrundlage bildet, weiterhin aus Wirkstoff und weiteren Zusatzstoffen.

Aufgabe 15.3

Beschreiben Sie mit Ihren eigenen Worten, was Grundstoffe sind.
Grundstoffe dienen als Trägerstoff oder als Verdünnungssubstanz. Die spezifische Zusammenstellung des Grundstoffs bestimmt die Tiefe, in die der Wirkstoff in die Haut eindringen kann, und somit die Wirksamkeit. Der Grundstoff sollte auf den Hauttyp des Patienten beziehungsweise auf die Hauterkrankung abgestimmt sein, da auch Grundstoffe eine Wirkung auf die Haut ausüben. Grundstoffe werden je nach ihrer Beschaffenheit in fettige, feste oder flüssige Konsistenzen eingeteilt, auch sind Kombinationen von Grundstoffen möglich.

Aufgabe 15.4

Nennen Sie eine Indikationsstellung für einen fettigen Grundstoff.
Raue, schuppige Haut

Erklärung: Fettige Grundstoffe finden Einsatz bei rauer, schuppiger oder spröder Haut, da Fette die Haut glätten. Fette behindern die Verdunstungsfunktion der Haut und lösen darüber einen Sekret- beziehungsweise Wärmestau der Haut aus (Okklusionseffekt). Bedingt dadurch weicht die Haut auf, Hautschuppen lösen sich und die Wirkstoffe können tief in die Haut eindringen.

Aufgabe 15.5

Welche der folgenden Aussagen ist falsch?

☐ a) Lotionen sind Cremes in flüssiger Form.
☐ b) Cremes haben im Gegensatz zu Salben einen höheren Wasseranteil.
☑ c) Pasten ziehen aufgrund der hohen Feststoffanteile sehr gut in die Haut ein.
☐ d) Gele ziehen durch den hohen Wasseranteil schnell in die Haut ein.
☐ e) Salben ziehen durch den hohen Fettgehalt nur schlecht in die Haut ein.

Erklärung: Pasten sind Gemische aus Puder und Salbe, die sich zur lokalen Therapie eignen und einen austrocknenden Effekt aufweisen. Pasten oder auch Pudersalben sind Salben, die einen hohen Feststoffanteil haben. Nach Höhe des Feststoffanteils können sie weich oder hart sein. Harte Pasten ziehen aufgrund der hohen Feststoffanteile nicht in die Haut ein, sondern decken diese ab und schützen so vor weiteren schädigenden Einflüssen. Weiche Pasten haben einen niedrigeren Anteil und bewirken eine stärkere Fettung der Haut.

Aufgabe 15.6

Müssen Sie bei der Durchführung einer medizinischen Einreibung die 6-R-Regel beachten oder können Sie eine der Regelungen vernachlässigen?
Da es sich bei einer medizinischen Einreibung um eine behandlungspflegerische Leistung handelt, gelten alle Regelungen zur ärztlichen Anordnung von Medikamenten und somit auch die 6-R-Regel.

Aufgabe 15.7

Welche Antwortkombination bezüglich der Durchführung einer medizinischen Einreibung ist richtig?
1. Bett und/oder Kleidung sind vor dem Arzneimittel zu schützen. 2. Verbandstoffe sind nach Gebrauch zu waschen und erneut zu verwenden. 3. Medizinische Einreibungen werden immer mit medizinischen Schutzhandschuhen durchgeführt. 4. Vor dem Auftragen des Therapeutikums wird eine genaue Hautinspektion durchgeführt. 5. Cremes und Salben etc. werden nur mit Spateln entnommen. 6. Das zu verwendende Material ist griffbereit zu richten und nach Gebrauch zügig und sorgfältig zu verschließen. 7. Innenseiten von Deckel und Verschlusskappen sollten immer mit der Unterlage in Berührung kommen, um Keimbesiedelung zu fördern.

☐ a) Antworten 1, 2, 5 sind 7 sind richtig.
☐ b) Antworten 2, 5 und 7 sind richtig.
☑ c) Antworten 1, 3, 4, 5 und 6 sind richtig.
☐ d) Antworten 3, 5 und 7 sind richtig.

Aufgabe 15.8

Welche Materialien müssen Sie zur Durchführung einer medizinischen Einreibung richten?
- Therapeutikum (Salbe, Creme, Gel, Lösung etc.), weitere Materialien, die zur Durchführung der ärztlichen Verordnung benötigt werden
- Spatel, Watteträger, evtl. Tupfer
- Händedesinfektionsmittel
- Medizinische Schutzhandschuhe
- Ggf. Verbandmaterial
- Abwurfbehälter

Aufgabe 15.9

Beschreiben Sie die Durchführung einer medizinischen Einreibung.
- Zu Pflegende über die durchzuführende Maßnahme informieren
- Zu Pflegende in eine geeignete und bequeme Position zur Durchführung der Maßnahme bringen
- Alle Materialien griffbereit stellen (auf hygienische Arbeitsweise achten)
- Hände desinfizieren, Handschuhe überstreifen
- Creme, Salbe etc. aus dem Gefäß mittels eines Spatels entnehmen und die entnommene Salbe auf einen Tupfer oder eine Kompresse aufgeben
- Das aufzutragende Therapeutikum darf nicht mit kontaminierten Gegenständen in Kontakt kommen (gebrauchte Handschuhe, Spatel, Tupfer)
- Gebrauchte Materialien entsorgen
- Einreibung vorsichtig unter Beobachtung des zu Pflegenden nach ärztlicher Anordnung durchführen
- Handschuhe abstreifen, verwerfen, Hände desinfizieren, ggf. erneut Handschuhe anziehen
- Gebrauchte Materialien verschließen
- Zu Pflegenden in die gewünschte Position helfen
- Nachsorge des Pflegebereichs
- Dokumentation des Hautzustandes und der durchgeführten Maßnahmen

Aufgabe 15.10

Welcher Gegenstand, den Sie zur Durchführung einer medizinischen Einreibung richten, fehlt?
Händedesinfektionsmittel

Erklärung: vergleiche Aufgabe 15.8

Kapitel 16: Thermotherapie

Aufgabe 16.1

Die Thermotherapie wird in zwei Bereiche eingeteilt. Nennen Sie diese.
Wärmetherapie und Kältetherapie

Aufgabe 16.2

Kreuzen Sie die richtigen Antworten an. Kälte kann folgende Wirkungen im Körper haben:
☑ a) Vasokonstriktion
☐ b) Vasodilatation
☐ c) verstärkte Durchblutung
☑ d) verminderte Durchblutung
☐ e) ödematös
☑ f) antiödematös
☐ g) fiebersteigernd
☑ h) schmerzhemmend

Erklärung: Setzt man den menschlichen Körper der Kälte aus, so führt das zu einer Engstellung der Blutgefäße (Vasokonstriktion) und einer Anspannung der Muskulatur. Die Gefäßengstellung hat zur Folge, dass das gekühlte Gewebe weniger stark durchblutet wird. Durch diese geringere lokale Durchblutung kann die Bildung von Hämatomen (Blutergüssen) in Folge von Quetschungen oder Prellungen gemindert werden. Auch wirkt Kälte durch die herabgesetzte Durchblutung des Gewebes bei Verletzungen lokal abschwellend. Traumatische Schmerzen lassen sich ebenfalls oftmals durch Kälte lindern, weil diese Reize schneller ans Gehirn geleitet werden als Schmerzreize. Nahezu selbstverständlich wird Kälte auch zur Senkung der Körpertemperatur, zum Beispiel bei Fieber, angewendet.

Aufgabe 16.3

Was müssen Sie bei der Anwendung von Kälte besonders beobachten?
Sorgfältige Krankenbeobachtung: Hautbeobachtung, Beobachtung der Kreislaufsituation

Erklärung: Lesen Sie hierzu die Erklärung der Aufgabe 16.4.

Aufgabe 16.4

Nennen Sie zwei Erkrankungen bzw. Symptome, die eine Kontraindikation für die Anwendung von Kälte darstellen können.
Minderdurchblutung (z. B. pAVK), Wunden, Apoplex, Multiple Sklerose, Diabetes mellitus, Restless legs Syndrom, Bandscheibenvorfall, Beschwerden des Ischias-Nervs, Querschnittslähmung, Lähmungen allgemein, ...

Erklärung: Körperstellen, die nicht gut durchblutet sind, sollten nicht zusätzlich mit Kälte behandelt werden, da sich die Durchblutungssituation weiter verschlechtert. Auch sollte bei Menschen, bei denen Erkrankungen wie eine periphere arterielle Verschlusskrankheit bekannt sind, nur nach genauer Prüfung der Umstände und Absprache mit dem behandelnden Arzt/der Ärztin mit Kälte behandelt werden. Als Folge einer schlechten Durchblutung können Wunden innerhalb kürzerer Zeit auftreten. Ebenso gilt dies für Erkrankungen, die mit Schädigungen der Nerven und nachfolgenden Gefühlsstörungen einhergehen. Kälte kann ebenso die Kreislaufsituation eines Menschen verändern, sodass diese bei Anwendung von Kälte beobachtet werden muss.

Aufgabe 16.5

Wählen Sie die Anzeichen aus, an denen Sie eine Durchblutungsstörung erkennen können.

☑ a) Kälte der Haut
☑ b) rötliche Verfärbung der Haut
☑ c) Blässe der Haut
☑ d) erhöhte Sensibilität
☑ e) verringerte Sensibilität
☐ f) Überwärmung der Haut (bei arterieller Thrombose möglich)

Erklärung:

Venöse Thrombose → Abfluss ist gestört	**Arterielle Thrombose** → Zufluss ist gestört
Schmerzen im betroffenen Körperteil	Schmerzen im betroffenen Körperteil
Rötung und Schwellung des Körperteils	Blässe und Kälte des Körperteils
Bläuliche, marmorierte Hautfarbe	

Aufgabe 16.6

Was gilt es bei Menschen mit stark pigmentierter Haut bei Anwendung der Thermotherapie zu beachten?
Bei stark pigmentierter Haut können die Veränderungen durch zu starke oder zu lange Einwirkung von Kälte / Wärme unter Umständen nur schwer zu erkennen sein.

Erklärung: Durch die dunklere Farbe der Haut ist es schwieriger, Farbveränderungen zu erkennen. Eine Rötung, Blässe oder Blauverfärbung der Haut wird durch die dunklere Hautfarbe verschleiert. Sie ist nicht so offensichtlich mit dem Auge zu erkennen wie bei hellerer Haut, die weniger pigmentiert ist. Der Vergleich mit Hautarealen, die nicht mit Thermotherapie behandelt wurden, kann hier hilfreich sein. Durch den Vergleich können Veränderungen möglicherweise leichter erkannt werden.

Aufgabe 16.7

Nennen Sie drei allgemeingültige Regeln, die Sie bei der Anwendung der Kältetherapie beachten müssen.

- Vor Anwendung Durchblutungssituation überprüfen
- Verweilende Kälte darf keinen direkten Kontakt zur Haut haben (Kryopack)
- Während der Kälteanwendung regelmäßig Kranken- und Hautbeobachtung durchführen
- Der Kältereiz darf nicht zu lange andauern
- Nach der Anwendung das Material reinigen und desinfizieren
- Dokumentation

Erklärung: Aufgrund der Wirkung von Kälte im Körper besteht die Gefahr einer Erfrierung. Diese kann durch sorgfältige Krankenbeobachtung vor, während und nach der Anwendung verhindert werden. Ebenso ist es wichtig, die verweilende Kälte nicht direkt auf die Haut aufzubringen und ihre Anwendungsdauer zu begrenzen, um keine Erfrierungen hervorzurufen. Kälte kann die Kreislaufsituation eines Menschen verändern, sodass diese beobachtet werden muss. Die Nachbereitung der Kälteanwendung ist dieselbe wie bei allen pflegerischen Maßnahmen: der Person ggf. beim Ankleiden behilflich sein und sie in eine bequeme Position bringen, Aufräumen und Reinigen der Arbeitsflächen und Materialien sowie die genaue Dokumentation.

Aufgabe 16.8

Beschreiben Sie, welche Maßnahmen Sie einleiten, wenn Nebenwirkungen der Kältetherapie auftreten.

- Kältereiz entfernen
- Patienten beruhigen
- Ärztliche Vorstellung, ggf. Notruf absetzen
- Krankenbeobachtung (besonders Haut und Kreislauf)

Erklärung: Die Kältetherapie kann Nebenwirkungen haben, die sich aus den Aspekten ableiten lassen, die vor und während der Kälteanwendung zu beachten sind. Es kann zu Durchblutungsstörungen und Verschlimmerung von Wunden etc. kommen. Außerdem können Erfrierungen auftreten. Erfrierungen sind erkennbar an Kälte und Blässe der Haut, die sich auch nicht verändert, wenn die betroffene Person sich einige Zeit bei Raumtemperatur aufhält. Wichtig ist die Vorstellung beim Arzt/der Ärtzin oder Notarzt/Notärztin, um die Folgen der Nebenwirkungen für die Person möglichst gering zu halten.

Aufgabe 16.9

Welche Personen sind besonders gefährdet, bei der therapeutischen Anwendung von Wärme Verbrennungen zu erleiden?
Menschen mit Störungen der körperlichen Sensibilität

Erklärung: Vergleichen Sie hierzu die Erklärung der Aufgabe 16.4.

Kapitel 17: Inhalationen

Aufgabe 17.1

Wobei wird im menschlichen Organismus Sauerstoff verbraucht?
In den einzelnen Körperzellen wird der Sauerstoff bei den Verbrennungsvorgängen des Stoffwechsels zur Energiegewinnung verbraucht. Dabei wird Kohlenstoffdioxid als Abfallprodukt gebildet und über die Lungen abgeatmet.

Aufgabe 17.2

Welche Anteile des Atemsystems gehören zu den unteren Atemwegen?
- Kehlkopf (Larynx)
- Luftröhre (Trachea)
- Bronchien/Bronchiolen

Aufgabe 17.3

Wo genau findet in den Lungen der Gasaustausch statt?
Die beiden Hauptbronchien sind der Beginn eines sich immer feiner verästelnden Geflechts von Bronchien bis hin zu kleinsten Bronchiolen, an denen die Lungenbläschen (Alveolen) anheften. In diesem als Bronchialbaum bezeichneten Gewebe wird die Atemluft weiter erwärmt, befeuchtet und gereinigt. In den Alveolen schließlich findet der eigentliche Gasaustausch statt.

Aufgabe 17.4

Welchen Einfluss hat die Größe der eingeatmeten Tröpfchen auf die Atemwege?
Entscheidend für das Erreichen der gewünschten Wirkorte ist die Größe der Tröpfchen, die eingeatmet werden. Je kleiner die Tröpfchen, umso tiefer können sie zum vorgesehenen Wirkungsort vordringen. Die Größe eines Wassertropfens wird in Mikrometer (µm) angegeben.

Aufgabe 17.5

Beschriften Sie die Grafik.

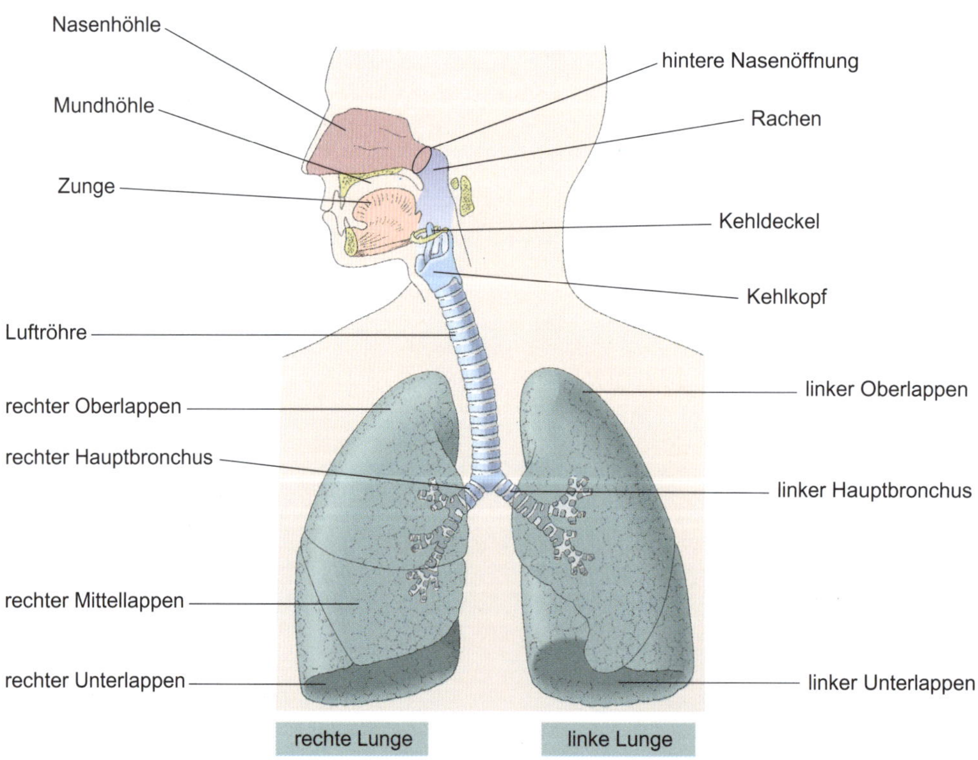

Aufgabe 17.6

Wie ist die Atemfrequenz eines erwachsenen Menschen pro Minute in Ruhe?
In Ruhe atmen wir ca. 12- bis 16-mal in der Minute, dabei werden ca. 500 ccm Luft eingeatmet. Das entspricht einem Gesamtvolumen von ca. 6–8 L Luft pro Minute.

Aufgabe 17.7

Welche Inhalationsformen sind Ihnen bekannt?
Dampfinhalationsgerät
Mit diesem elektrischen Gerät wird in einem integrierten nachfüllbaren Behälter Wasser bis zum Siedepunkt erhitzt und verdampft. So werden die Atemwege gut befeuchtet und Atembeschwerden gelindert. Die Geräte ermöglichen meist mehrere Inhalationsmethoden. Sie werden ohne Zusätze oder mit wasserlöslichen Medikamenten oder ätherischen Ölen angewendet. Der Dampf erreicht den Mund-Nasen-Rachenraum und den Kehlkopf. Häufig angewandt bei Erkältungen, Schnupfen und Nasennebenhöhlen-Erkrankungen.
Aerosolinhalator
Hier handelt es sich um ein Inhaliergerät, das mit Druckluft betrieben wird. Mit Hilfe eines Kompressors wird Wasser in einem nachfüllbaren Behälter mit Luft aufgewirbelt, dies erzeugt einen besonders feinen Inhalationsnebel (Aerosole), der bis in die unteren Atemwege vordringen kann. Die Inhalation kann mit unbeheiztem oder beheiztem Dampf erfolgen. Auch bei diesem Gerät ist es möglich, spezielle Medikamentenlösungen zu vernebeln, die in den integrierten Medikamentenbehälter eingefüllt werden. Wirkungsort sind der Mund-Nasen-Rachenraum, Kehlkopf, Luftröhre und Bronchien. Anwendung finden Aerosolinhalatoren bei Asthma bronchiale, Bronchitis und Pneumonie. Sie befeuchten die Raumluft und damit die Einatemluft zur Befeuchtung der Atemwege.
Ultraschallvernebler
In diesen Geräten wird mit Hilfe elektrischer Energie steriles und destilliertes Wasser in Schwingungen umgesetzt. Die angeregten Schwingungen erzeugen einen sehr feinen Nebel mit kleinsten Tröpfchen, die in die tiefsten Bereiche der Lunge vordringen können. Die Wasserbehälter an den Geräten sind wegen der Gefahr des Eindringens von Keimen nicht nachfüllbar, sondern werden mit geschlossenen Einmalsystemen (Aquapack®) verwendet. Angewandt beispielsweise bei tracheotomierten Personen zur Befeuchtung der Raumluft und damit der Einatemluft.

Aufgabe 17.8

Was ist der Kutschersitz? Wie kann eine Person dazu angeleitet werden? Und in welchen Situationen ist diese Technik hilfreich?
- Definition: Der Kutschersitz ist eine die Atemmuskulatur entlastende Sitzposition. Die Atemfläche wird durch Dehnung des Brustkorbes vergrößert, um so ein tiefes Durchatmen zu ermöglichen.
- Anleitung: In sitzender Position werden die Unterarme auf die leicht gespreizten Oberschenkel aufgestützt. Die aufgestützten Arme übernehmen das Gewicht des Schultergürtels und erleichtern das Ein- und Ausatmen. Um seine Atmung besser zu spüren, kann die Pflegekraft zusätzlich ihre Hände in die Flanken des zu Pflegenden legen.
- Situationen: Diese Technik bringt besonders bei Atemnot große Erleichterung.

Aufgabe 17.9

Das L.I.S.A.-Prinzip zur Pneumonieprophylaxe: Notieren Sie bitte die Bedeutung der einzelnen Buchstaben und nennen Sie zu den jeweiligen Bedeutungen eine prophylaktische Maßnahme.
Zusammengefasst unter der Abkürzung L.I.S.A. finden sich wichtige Maßnahmen zur Pneumonieprophylaxe.
L → Lungenbelüftung verbessern → Inhalieren
I → Infektion verhindern → Mundpflege
S → Sekret auflösen → Flüssigkeit geben
A → Aspiration vermeiden → aufrechte Position bei der Nahrungsaufnahme

Aufgabe 17.10

Welche Faktoren begünstigen das Entstehen einer Pneumonie?

Die Lungenentzündung oder Pneumonie ist eine Entzündung des Lungengewebes, meist hervorgerufen durch Bakterien. Ebenso können Viren oder Pilze zu einer Pneumonie führen.

Eine Pneumonie entsteht, wenn die Lungen ihre selbstreinigende Funktion nicht mehr erfüllen können. Durch nicht ausreichende Belüftung der Lungenabschnitte wird das Sekret nur schwer oder gar nicht abgehustet, es entsteht ein Nährboden für Keime. Es gibt einige Faktoren, die das Entstehen einer Pneumonie begünstigen:

- Längere Immobilität
- Schonhaltung/-atmung durch Schmerzen
- Vorerkrankungen des Herzens und der Atemwege
- Aspiration bei Schluckstörungen
- Abgeschwächte Abwehrlage
- Höheres Lebensalter
- Übergewicht
- Rauchen

Kapitel 18: Notfall/Erste Hilfe

Aufgabe 18.1

Nennen Sie eine wichtige Pflicht, die Sie laut § 323c StGB nicht vernachlässigen dürfen, um Erste Hilfe zu leisten.
Aufsichtspflicht

Erklärung: Die Verletzung der Aufsichtspflicht würde andere Menschen möglicherweise in Gefahr bringen. Dies können kleine Kinder oder auch kognitiv veränderte Personen sein. Die Handlungen und Reaktionen dieser Personen sind in einer Notfallsituation nicht einzuschätzen. Es kann nicht sichergestellt werden, dass sie nicht sich selbst und andere in Gefahr bringen würden, z. B. durch Laufen auf die Straße oder Ähnliches.

Aufgabe 18.2

Zählen Sie zwei Aufgaben auf, die Sie im Rahmen der Ersten Hilfe übernehmen können, ohne eine andere wichtige Pflicht zu vernachlässigen.

- Notruf absetzen
- Erste Hilfe-Kasten besorgen
- Einen Helfer zu Maßnahmen anleiten
- Schaulustige verscheuchen
- Sichtschutz aufbauen
- Rettungswagen einweisen
- Angehörige beruhigen
- Helfende beruhigen
- Koordination der Helfenden übernehmen und Aufgaben an sie verteilen, ...

Erklärung: Auch wer nicht unmittelbar an der verletzten Person Hilfe leistet, kann die anderen Helfenden unterstützen. Oftmals gibt es eine ganze Reihe an möglichen Aufgaben, die übernommen werden können, ohne andere wichtige Pflichten zu vernachlässigen. Welche dies sind, hängt immer von der individuellen Gesamtsituation ab.

Aufgabe 18.3

Nennen Sie die „5 W des Notrufes".
Was ist passiert?
Wo ist es passiert?
Wie viele Menschen sind betroffen?
Welche Art der Verletzung?
Warten auf Rückfragen.

Aufgabe 18.4

Wählen Sie die richtigen Aussagen aus: In der Bewusstlosigkeit ...
☐ a) spannt sich die gesamte Muskulatur an
☑ b) erschlafft die Skelettmuskulatur
☐ c) hört immer das Herz auf zu schlagen
☑ d) findet Atmung statt

Erklärung: Ein Mensch, der auf laute Ansprache und leichte Berührung keine Reaktion mehr zeigt und dessen Muskulatur keine Spannung mehr aufweist, ist bewusstlos. In der Bewusstlosigkeit sind zwar Reaktionsfähigkeit und die Funktion der Muskulatur ausgeschaltet, das Herz-Kreislauf-System jedoch funktioniert noch. Das heißt, dass das Herz schlägt und die Atmung stattfindet.

Aufgabe 18.5

Beschreiben Sie, wie Sie eine Atemkontrolle durchführen.
Kopf überstrecken, einige Sekunden mit den eigenen Sinnen sehen/hören/fühlen, ob Atmung vorhanden ist

Erklärung: Kopf überstrecken, indem der/die Helfende mit der einen Hand an die Stirn und mit der anderen Hand an das Kinn der bewusstlosen Person fasst und den Kopf vorsichtig in Richtung Nacken schiebt. Feststellen der Atemtätigkeit, indem der/die Helfende das eigene Gesicht über das Gesicht der bewusstlosen Person hält (Kopf weiterhin überstreckt). Hierbei ist der Blick in Richtung des Brustkorbes gerichtet. Die helfende Person kann nun den Atemzug im Gesicht spüren, mit dem Ohr hören und mit den Augen anhand der Bewegung des Brustkorbes sehen.
Diese Position sollte der/die Helfende einige Sekunden beibehalten. Da ein Mensch etwa 12- bis 14-mal in der Minute atmet, wird so sichergestellt, dass kein Atemzug verpasst wurde.

Aufgabe 18.6

Kreuzen Sie an, was bei der Seitenlage wichtig ist.
☐ a) Mund höher als der Magen
☑ b) Weitere Atemkontrollen
☐ c) Linker Arm muss unter dem Kopf liegen
☑ d) Mund tiefer als der Magen
☑ e) Kopf überstrecken
☐ f) Eine Art Schaukel bauen

Erklärung: Der bewusstlose Mensch wird durch die Seitenlage in eine seitliche Position gebracht, sodass der Magen über dem Niveau des Mundes liegt. Es soll eine Art Rutsche geschaffen werden, auf welcher der Mageninhalt in Richtung des Mundes abfließen kann, ohne in die Lunge zu gelangen.
Wichtig ist außerdem, auch bei einem Menschen, der in die Seitenlage gebracht wurde, den Kopf zu überstrecken, um die Zunge so zu positionieren, dass Atmung möglich ist. Der Mund wird leicht geöffnet, damit Mageninhalt einfach aus dem Mund heraus fließen kann.
Der/die Helfende kontrolliert auch beim in die Seitenlage gebrachten Menschen regelmäßig die Atemtätigkeit. Der bleibt Kopf weiterhin überstreckt.

Aufgabe 18.7

Bringen Sie folgende fünf Schritte in die richtige Reihenfolge.
1. Bewusstseinskontrolle
2. Atemkontrolle
3. Seitenlage
4. Atemkontrolle
5. Notruf

Erklärung: Bei der Bewusstseinskontrolle wird festgestellt, ob überhaupt eine der Maßnahmen Seitenlage oder Herz-Lungen-Wiederbelebung (HLW) notwendig wird. Die Entscheidung zwischen den beiden Maßnahmen hängt vom Ergebnis der Atemkontrolle ab. Wird Atmung festgestellt, so wird die betroffene Person in die Seitenlage gebracht und weitere Atemkontrollen werden in regelmäßigen Abständen durchgeführt. Nun wird der Notruf abgesetzt.
Alternativ kann der Notruf auch schon nach der Bewusstseinskontrolle z. B. durch Passanten abgesetzt werden.

Aufgabe 18.8

Bringen Sie folgende vier Schritte in die richtige Reihenfolge.

1. Bewusstseinskontrolle
2. Atemkontrolle
3. Notruf
4. Herz-Lungen-Wiederbelebung

Erklärung: Vergleichen Sie hierzu die Erklärung der Aufgabe 18.7.
Wird bei der Atemkontrolle keine Atmung festgestellt, so wird umgehend der Notruf abgesetzt. Alternativ kann der Notruf auch schon nach der Bewusstseinskontrolle, z. B. durch Passanten, abgesetzt werden. Die betroffene Person wird in die Rückenlage gebracht und die Herz-Lungen-Wiederbelebung durchgeführt.

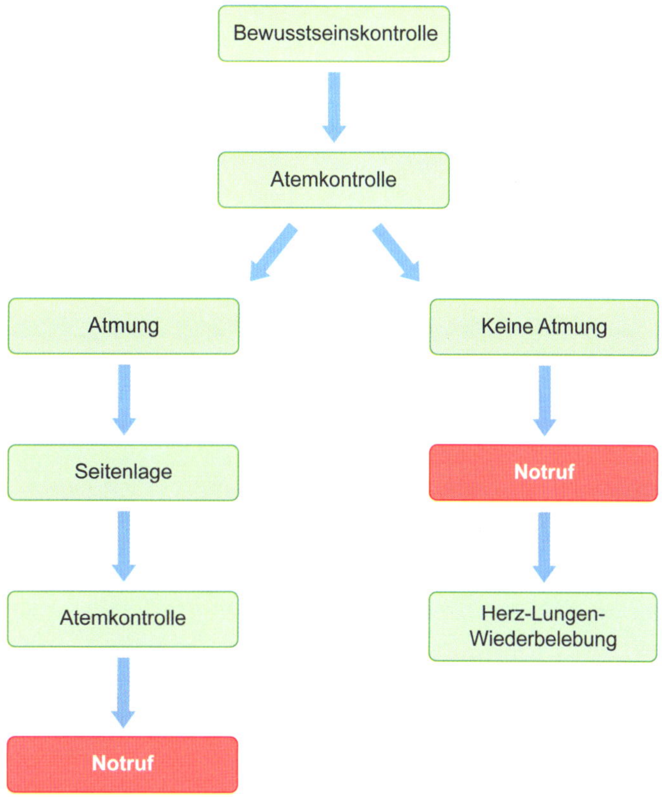

Aufgabe 18.9

Nennen Sie den Rhythmus von Herzkompressionen zu Beatmungen bei der Herz-Lungen-Wiederbelebung einer erwachsenen Person.
30 Herzkompressionen : 2 Beatmungen

Erklärung: Es wird davon ausgegangen, dass 30 Herzkompressionen notwendig sind, um das Blut im Körper zu verteilen, sodass ausreichend Sauerstoff zu den Zellen gelangt. Durch zwei Beatmungen wird dem Körper der notwendige Sauerstoff zugeführt, der wiederum durch die anschließenden 30 Herzkompressionen im Körper verteilt wird.
Bei Säuglingen und Kleinkindern weicht das Vorgehen ab. Bitte lesen Sie das im LB Kap. 18.2 nach.

Aufgabe 18.10

Zählen Sie drei Gründe auf, bei denen eine Herz-Lungen-Wiederbelebung beendet werden darf.

- Der betroffene Mensch atmet wieder selbstständig.
- Der/die Helfende läuft Gefahr, selbst bewusstlos zu werden.
- Der Rettungsdienst übernimmt.

Erklärung: Atmet die betroffene Person wieder selbstständig, wird die Herz-Lungen-Wiederbelebung (HLW) überflüssig. Merkt der Helfer bzw. die Helferin, dass ihm/ihr selbst ein Schwächeanfall oder Ähnliches droht, muss aus Gründen des Selbstschutzes die HLW beendet werden. Eine bewusstlose hilfeleistende Person kann dem betroffenen Menschen nicht helfen, da sie selbst hilfebedürftig ist. Es besteht jedoch die Möglichkeit, sich von einer anderen Person ablösen zu lassen. Übernimmt der Rettungsdienst die HLW, so kann der Helfende in Absprache mit dem Rettungsdienst die Tätigkeit an diesen übergeben und sich ablösen lassen.
In allen anderen Fällen sollte die HLW nicht unterbrochen werden, um eine kontinuierliche Versorgung der wichtigsten Organe mit Sauerstoff zu gewährleisten (Lungen, Gehirn, Herz).

Aufgabe 18.11

Nennen Sie drei mögliche Anzeichen eines Herzinfarktes.

- Schmerzen, z. B. an folgenden Stellen: Kiefer, Schulter, Arm, Brustkorb, Rücken
- Engegefühl in der Brust
- Luftnot
- (Todes-)Angst, Panik
- *Männer:* typische Symptome mit plötzlichen, heftigen Schmerzen hinter dem Brustbein, die ausstrahlen (Arme, Bauch, Schulter, Unterkiefer, zwischen die Schulterblätter)
- *Frauen:* eher untypische Beschwerden, die schnell mit einer anderen Erkrankung verwechselt werden können (Schmerzen im Oberbauch, Schweißausbrüche, extreme Kurzatmigkeit)

Erklärung: Die Symptome ergeben sich aus den Aufgaben des Herzens, seiner Lokalisation im Körper und seinen Aufgaben. Wird nicht mehr ausreichend Sauerstoff zum Herzen transportiert, kann es seine Aufgaben nicht mehr erfüllen und das Gewebe stirbt aufgrund des Sauerstoffmangels ab. Da das Herz den Sauerstoff nicht nur für seine eigene Tätigkeit benötigt, sondern ihn auch im Körper verteilt, entsteht eine globale Sauerstoffunterversorgung.

Aufgabe 18.12

Nennen Sie vier mögliche Anzeichen eines Schlaganfalls.

- Herabhängendes Augenlid, herabhängender Mundwinkel, evtl. mit Speichelfluss
- Gefühlsstörungen oder Lähmung einer Körperhälfte mit Fallneigung zu dieser Seite
- Sprachstörungen, Störungen des Sprachverständnisses
- Schluckstörungen
- Harn- und Stuhlinkontinenz
- Luftnot, Angst, Panik
- Desorientiertheit, Verwirrtheit

Erklärung: Die Symptome ergeben sich aus den Aufgaben des Gehirns, seiner Lokalisation im Körper und seinen Aufgaben. Wird nicht mehr ausreichend Sauerstoff zum Gehirn transportiert, kann es seine Aufgaben nicht mehr erfüllen und das Gewebe stirbt aufgrund des Sauerstoffmangels ab. Da das Gehirn die Schaltzentrale unseres Körpers ist, fallen wichtige Funktionen aus oder sind eingeschränkt.

Aufgabe 18.13

Markieren Sie die Aussagen, die für einen akuten Krampfanfall zutreffen.

☐ a) Die Dauer des Krampfanfalls ist unwichtig.
☑ b) Gefährliche Gegenstände aus dem Weg räumen.
☐ c) Krampfende Person festhalten, damit sie sich nicht verletzt.
☐ d) Rosafarbener Schaum vor dem Mund deutet auf eine starke Blutung hin.
☐ e) Ein Krampfanfall kann man immer an überschießenden Bewegungen erkennen.
☐ f) Die Zunge der krampfenden Person muss festgehalten werden, damit sie diese nicht verschluckt.
☑ g) Betroffene Person auskrampfen lassen.

Erklärung: Für die weitere Therapie ist es wichtig, dass die ungefähre Dauer des Krampfanfalls notiert und genau beobachtet wird, ob der Krampfanfall mit zuckenden, überschießenden Bewegungen einhergeht oder ob „nur" eine Versteifung des Körpers zu erkennen ist. Auf dieser Grundlage kann das weitere Vorgehen festgelegt werden. Der betroffene Mensch wird im Krampfanfall von den Helfenden in Ruhe gelassen. Die Helfenden sorgen lediglich dafür, dass verletzungsgefährliche Gegenstände weitgehend aus dem direkten Umfeld entfernt werden. Die krampfende Person festzuhalten, ist sowohl für diese Person als auch für die Helfenden gefährlich. Eine Person kann im Krampfanfall ungeahnte Kräfte entwickeln und sowohl die eigenen als auch die Knochen der Helfenden brechen. Aufgrund der enormen unkoordinierten Muskelkraft kann es geschehen, dass sich die krampfende Person auf die Zunge beißt. Durch die schnelle Kontraktion der Zungenmuskulatur wird der Speichel zu Schaum geschlagen. Schon ein einziger Tropfen Blut kann zu einer Rosafärbung des Speichels führen.
Auch die Finger der Helfenden, die es gut meinen und die Zunge festhalten möchten, sind schnell durch Bisse schwer verletzt. Die Zunge ist am Zungengrund festgewachsen und kann nicht verschluckt werden. Es ist wichtig, dass der betroffene Mensch nach dem Krampfanfall, wenn er bewusstlos ist, in die Seitenlage gebracht und der Kopf überstreckt wird.

Aufgabe 18.14

Nennen Sie drei Beobachtungen, die auf einen Knochenbruch hinweisen können.

- Veränderte, unphysiologische Stellung eines Körperteils
- Schmerzen
- Ausbeulungen der Haut aufgrund der Knochen darunter
- Sichtbare Knochen, welche die Haut durchstoßen haben
- Blutung/Hämatom

Aufgabe 18.15

Bringen Sie folgende Maßnahmen, die Sie bei einer erheblichen Blutung ergreifen, in die richtige Reihenfolge.

1. Blutungsquelle ausfindig machen
2. Sauberes Tuch aufpressen
3. Ggf. Druckverband anlegen
4. Notruf
5. Überwachung des Bewusstseins und der Atmung
6. Beruhigen, Beistand leisten

Aufgabe 18.16

Wählen Sie aus, welche Anzeichen auf einen Schock hindeuten können.

☐ a) Rosige Haut
☐ b) Warmer Schweiß
☑ c) Getrübtes Bewusstsein
☐ d) Tachykardie und Hypertonie
☑ e) Zittern
☐ f) Verlangsamte Atmung

Weitere Anzeichen können sein:

- Blasse Haut
- Kalter, klebriger Schweiß
- Frieren
- Tachykardie und Hypotonie
- Flache und beschleunigte Atmung

Erklärung: Im Schock zentralisiert der Körper und versorgt nur noch die wichtigsten Organe mit Blut. Alle unnötigen Körperfunktionen werden heruntergefahren.

Aufgabe 18.17

Beurteilen Sie: Ist es sinnvoll, eine Person, bei der Sie eine Vergiftung mit Haushaltsreiniger vermuten, zum Erbrechen zu bringen?

☐ a) ja
☑ b) nein

Erklärung: Durch Erbrechen würde die Substanz erneut die Speiseröhre und den Mund passieren und dort zu weiteren Verätzungen führen. Auch besteht beim Erbrechen immer die Gefahr der Aspiration.

Aufgabe 18.18

Nennen Sie den Zeitpunkt, zu dem ein Suizidversuch einer depressiven Person am wahrscheinlichsten ist.

Bei steigendem Antrieb und Besserung der depressiven Symptome

Erklärung: Solange eine Person sich im Tief der Depression befindet, hat sie nicht die Kraft und den Antrieb, sich selbst zu töten. Bessern sich die Symptome und der allgemeine Antrieb steigt wieder, so ist der Mensch noch immer depressiv, hat aber jetzt die notwendige Kraft, um seine Selbstmordgedanken in die Tat umzusetzen.